刺客

商务印书馆 The Commercial Press 创于1897

2012年·北京

涵芬楼文化 出品

"走读历史" 系列之二

九刺客

目 录

"小人物"与大时代

    小时候看古装剧，最觉激动的画面，是月黑风高之夜，蒙面人飞檐走壁，悄悄入了某座府第，然后忽然有人大喊一声："有刺客！"

    据说少年们最容易被某些反面的角色所吸引，做游戏时争着去扮演，比如小偷、海盗、妖怪等等。我小学时一心要学武术，以致说服家人，差点儿退学跟着一个武术班子去四方卖艺，恐怕也是受了这蒙面刺客的影响。

    后来读《史记·刺客列传》，才知道刺客原来并不需蒙面，也不必专等夜晚才发起行动，他们甘冒生命危险而前往行刺，也并非为了某些实际的收获，比如钱财、官职，抑或美女。刺客们追求的是另一种东西，具体是什么，我一时想不明白，但司马迁似乎说了，是"义"。

    我读中学的时代，常常从书本杂志或者老师口中得知，"哥们儿义气害处大"，所举事例自然也都是极反面的，打架斗殴以至伤人夺命等等。这导致我很长时间内，一看到"义"字就产生罪恶感。这句话现在似乎很少有人说了，不知道是不是教育终于提升了孩子们的素质，他们已经不再讲义气了。

    但《史记·刺客列传》依旧是我最喜欢的篇章之一，每次阅读，都有一种异样的感觉，似乎那些面目模糊的刺客们根本不曾在中国的土地上生活过，他们属于另外的世界。那的确是另外的世界了，中国的先秦时代，春秋战国，遥远得就像梦境，隔膜得令人难受。这感觉积累的日子长了，忽然有了冲动：到刺客们行走过的土地上去走一走，看看古迹，听听传说，即便看不到也听不到，也可以想象一下。

寻找哪些刺客的踪迹呢？起初的目标，是司马迁笔下的五个人：曹沫、专诸、豫让、聂政、荆轲。后来又增加了几个：要离、鉏麑、朱亥和高渐离。这四人中，高渐离本已出现在《史记·刺客列传》中，但不具备独立性；其余三人，其记载分别见于《吴越春秋》《左传》和《史记·信陵君列传》，把他们列入名单，是因为其生平事迹与曹沫等五人十分相似，当然，这也是相对公认的看法。

正是在这一路走读的过程中，我对先秦刺客的看法逐渐清晰起来。

他们有很多不同点，比如长相、性格，比如最终的结局：有人成功，也有人失败，还有人视成功为失败……正是这些不同点使每一位刺客个性鲜明，洋溢着独特的魅力。

他们更有诸多共同之处。比如，他们大多出身寒微，做刺客之前一直挣扎于底层；比如，他们都有着必死无生的勇气，面对强大的对手，一往无前；又比如，他们都视名誉为生命，甚至高于生命，信守誓约，绝不背信。司马迁无疑怀着崇敬之情写下了他们的事迹，并给予了极高贵的评价："自曹沫至荆轲五人，此其义或成或不成，然其立意较然，不欺其志，名垂后世，岂妄也哉！"

著名的武梁祠汉画像中，描绘了九位刺客中的六位，分别是曹沫、专诸、要离、豫让、聂政和荆轲，他们与一众烈女和忠臣出现在同一组图像中。学者巫鸿先生认为，这些历史人物之所以被"列入同一装饰区域，是因为他们都联系着一个中心主题，那就是'忠君'的观念。画像中的大臣是辅佐国君的谋士；勇敢的刺客想方设法杀死敌国的君王来效忠自己的主人……"

对于其中的一些刺客来说，"忠君"是毫无疑问的，比如曹沫、专诸、豫让、要离；但对聂政来说，其行为显然与"忠君"无关，高渐离也是如此。我以为，如果去掉"君"字，只用"忠"来形容他们，更为合适。这一点，可以援引许倬云先生在《我者与他者：中国历史上的内外分际》一书中的话来加以说明："他（孔子）一生致力于重整失去的伦理秩序，却不是恢复封建，而是将其中原来封建结构的理想成分，扩大为人间应有的普世伦理。于是对于主君的'忠'，转化为处事待人的诚敬……"

刺客们的"忠"，即是诚敬，再加上一个"义"字，似乎就可以解释他们的行为。

但在"忠"和"义"之外，我认为先秦刺客们的行为尚有另一层动机：他们是藉此追寻人生的意义，在被赏识、被认可的满足中，去实现自己的价值。

实现人生价值的方式有很多种，文人可以写文章，经国治天下；武将可以去打仗，建立不朽功勋；贩夫走卒挣钱养家，把日子过得不那么辛苦，自然也是一种；刺客们则只能采取极端的方式，刺杀或劫持，这是他们的事业，也是他们的宿命。

在中国这个想象出来的"礼仪之邦"，先秦的刺客们终究难逃异端的指责，现代的知识分子们更有充足的理由将其划入"恐怖"的行列。但是正如张承志先生在礼赞先秦刺客之后所说的，在那个时代，"没有什么恐怖主义，只有无助的人绝望的战斗"。

当然，这些言论同样难逃"异端"的指责。

先秦刺客们在汉代获得了广泛的纪念和赞颂，此后则历经浮沉，褒贬不一。幸好，梳理这一过程不是我的目标。在这本书里，我所有的努力，只为还原这些小人物们的一生，通过追寻他们的足迹、想象他们的内心，探讨他们在那个大时代中的理想与幻灭。

作为沧海之一粟，他们毫无选择地被裹挟入时代的巨流，但最终，他们实现了自己，完成了自我的超越。

曹沫

劫持者的身份谜团

齐桓公许与鲁会于柯而盟。桓公与庄公既盟于坛上，曹沫执匕首劫齐桓公，桓公左右莫敢动，而问曰："子将何欲？"曹沫曰："齐强鲁弱，而大国侵鲁亦甚矣。今鲁城坏即压齐境，君其图之。"桓公乃许尽归鲁之侵地。

——《史记·刺客列传》

曹沫：
劫持者的身份谜团

　　曹沫劫持齐桓公的故事，至少在八种古代典籍中出现过：《荀子》、《管子》、《战国策》、《吕氏春秋》、《史记》、《春秋公羊传》、《淮南子》、《盐铁论》。正如山东嘉祥武梁祠汉画像有关内容所示，这个故事的情节在各种典籍中大同小异，其中人物也不过四人：鲁庄公姬同、曹沫、齐桓公姜小白、管仲。

把曹沫列入《史记·刺客列传》是不是一个误会？

2010 年秋天，当我路远迢迢赶赴东阿古城遗址时，这个疑问始终在心头萦绕，挥之不去。东阿古城，春秋时称为柯，是齐国西鄙的一座城邑。两千六百多年前，鲁国人曹沫来过这里，并且干了一件惊天动地的大事：他劫持了春秋五霸的第一霸主齐桓公姜小白。

但劫持终究不是刺杀，曹沫达到了目的之后，就放了姜小白，后者毫发未伤。严格来说，曹沫充其量只是一个劫持者，算不得刺客。既如此，司马迁又为何把曹沫归入刺客之列呢？徘徊遗址之侧，眺望远村烟树，我百思不得其解。

这曾经繁华的城僻处于山东省阳谷县阿城镇，如今只剩一道两百多米长的城垣，隐没在茂密的树林和玉米田中，当地人称之为"古城岭子"。说是城垣，其实不过长长一道土墙，经年风雨，又加之当地人不断取土烧砖，许多地方都现出坍塌的痕迹。1998 年阳谷县政府所立的"东阿古城"石碑也已倒伏地上多时，落木萧萧，颇有凄凉之感。

曹沫来到柯邑，是在公元前 681 年，身份是鲁国的将军。他此番跟随鲁庄公姬同来到齐国的这个地方，是为了与齐桓公姜小白会盟。

作为一种盟誓活动，会盟起源非常早，据说在遥远的夏代就已经出现。《左传》记载，治水的大禹曾在涂山召集万国相会，大约就是早期的会盟。此后，会盟逐渐成为一种国际外交礼仪，在春秋时期尤为盛行，至战国时期，随着成文法的逐步颁行，才渐趋消失。会盟的目的大约很多，比如小国寻求联合御敌、大国仗势胁迫小国听从自己的号令等等。

柯邑之盟，基本可以算作后者。那时，实力日渐强劲的齐国正在通往霸主的路上一路狂奔，几年之内，三败鲁国，鲁国为求自保，向齐国献地

　　春秋时柯邑之所在，杨伯峻先生在《春秋左传注》中说："柯，齐邑。今山东省阳谷县东北五十里有阿城镇，当是故城所在。"若此说为确，则柯邑已在齐国西部边境，再向西，便进入卫国境内。当地人说，几十年前这古城的城墙还绵延很长，但如今只剩下几百米。

　　　　　　　　曹沫：劫持者的身份谜团

求和，于是才有了这次会盟。

　　齐桓公姜小白是以盟主的身份出现在柯邑会盟台上的，那一日，想必他是心情大好，谈笑风生。毕竟，慑服了鲁国，就等于在称霸之路上扫除了第一道障碍。孰料，就在他与鲁庄公姬同达成协议，会盟仪式即将完结之际，一把匕首忽然伸到了面前！

　　曹沫的劫持行为并非仓促为之，而是蓄谋已久。他之所以冒险劫盟，表面上看是基于个人原因，但深究起来，却是齐、鲁之间恩怨纠葛的集中爆发。

二

　　齐、鲁本是友好邻邦。

　　西周初建之时，周武王姬发大封诸侯，将太公姜尚封于营丘（在今山东省潍坊市昌乐县），建立齐国，在泰山之北；而武王之弟周公姬旦则封于曲阜（在今山东省曲阜市），建立鲁国，在泰山之南。齐国都城后来迁至临淄（在今山东省淄博市临淄区），较之营丘又向西迁徙了七八十公里，距鲁国都城曲阜直线距离不过两百余公里。

　　姬发之所以把两个最重要的大臣封于东方，是因为那里聚集着众多商的遗民，姬发怕他们闹事，就让齐、鲁两个国家看着他们。应该说，这个目的基本上达到了，齐、鲁两国牢牢掌控了今日山东一带的广阔地域，并且日渐强大，成为春秋前期极其重要的两个诸侯国。

　　但有一点，姬发没有料到，就是齐、鲁两国也会兵戈相向。

　　这地缘相近的两个国家，在各自走向强盛的过程中，相互联系逐渐紧密，但矛盾也在暗暗地累积。许倬云先生在《我者与他者：中国历史上的内外分际》一书中说，经历了西周的沦丧，东方诸侯没有了王室的约束，任何"亲情戚谊，都挡不住大国兼并小国"。

公元前 7 世纪初的齐、鲁两国，虽不至于胃口大到要吞掉对方，但征服对方的念头却时时闪过脑际。两国的矛盾，表面看纷繁复杂，实际不过是实力之争，双方都力图在兼并之风如火如荼的国际形势中掌握主动权。

两国角力，明争暗斗，逐渐升级。

公元前 694 年，鲁桓公姬允与夫人文姜赴齐。这原本平常的外交活动，却把两国的争斗推向了高潮。

文姜本是齐襄公姜诸儿同父异母的妹妹，但其未嫁之前，兄妹二人就乱伦通奸。此番齐都重逢，自然又少不了一番云雨。不料东窗事犯，姬允竟发觉了此事。盛怒之下，姬允当即要求返国。姜诸儿与文姜料想大事不妙，一不做二不休，命大力士彭生在姬允登车时暗下杀手，扼死了姬允。

国君蹊跷地死于邻国，毫无疑问事关重大，但鲁国军力不及齐国，不敢举兵伐齐，只能忍气吞声，要求齐国严惩凶手彭生。姜诸儿顺水推舟，杀彭生灭口。

此事虽勉强平息，但两国间的仇恨已难以弭平。恰巧此时齐国内部也是矛盾丛生，一时间，人心惟危。诸公子恐祸及自身，纷纷出逃。大夫鲍叔牙奉公子姜小白（齐襄公姜诸儿的弟弟）逃奔莒国（在今山东省莒县），管仲、召忽则奉公子姜纠奔鲁。

这一年，姬允之子姬同嗣位，是为鲁庄公。

八年后，公元前 686 年，齐国内部矛盾日益严重，变乱果然发生。齐大夫连称、管至父杀掉姜诸儿，立公子姜无知为齐君。但姜无知很快又成为牺牲品，公元前 685 年，他被齐大夫雍廪所杀。这一连串的弑君事件，证明了鲍叔牙和管仲等人的逃亡是何其英明。

此后事情的进展在中国历史上广为传诵：逃亡在外的姜小白与姜纠为了争得国君之位，同时踏上返国之路。这是一次与时间的较量，谁先到达

　　管仲对于齐国的影响，无论如何评价都不为过。正是在他的努力下，齐国在经济、政治、军事各方面都取得了飞速发展，使齐桓公姜小白成为春秋第一霸主。齐桓公九合诸侯，一匡天下，北却戎狄，南伐楚，使得中原诸侯避免了沦于"南夷"与"北狄"之手的噩运。从这个角度来说，中原诸侯都应该感谢管仲。所以孔子对管仲十分推崇："微管仲，吾其被发左衽矣。"

齐都临淄，谁就将获得主动权。管仲作为姜纠的支持者，为了阻止姜小白的步伐，先行一步，率兵拦截姜小白，并一箭射中姜小白的带钩。姜小白装死骗过管仲，姜纠一行也不再急于赶路，他们不慌不忙悠然而行，六日才到齐国。

而那时，姜小白已经成为齐国第十五位君主——齐桓公。

鲁国不甘心，打算强送姜纠返国，夺回君位——对鲁庄公姬同而言，若能扶持姜纠上台，姜纠必然对鲁国感恩不尽，鲁国也很有可能借此改变对齐国的劣势地位。

鲁军一入齐境，即遭到齐军的抗击。秋天，双方战于乾时（属齐地），鲁败，齐军又切断了鲁军退路。占尽优势的姜小白派人给鲁庄公姬同送去了一封信，信上说："姜纠是我的兄弟，我不忍杀之，就烦请鲁国代我杀了他吧。至于管仲和召忽，他们是我的仇人，我打算把他们剁成肉酱。赶紧把他们送来，否则，齐必将围鲁！"

姬同担心齐国来攻，只好杀掉公子姜纠，并将管仲囚送齐国，召忽则自杀身亡。

初登君位，姜小白就给了鲁国一个下马威。

而不久之后，姬同就会明白，将管仲活着送还齐国，是一个多么巨大的错误。因为姜小白非但没有把管仲剁成肉酱，还听从鲍叔牙的建议，立管仲为相，从此开创了齐国的黄金时代。毫不夸张地说，没有管仲，齐桓公姜小白的霸业无从谈起。管仲从罪囚到齐相的神奇转变，在此后的历史上传为美谈，诸如"管鲍之交"、"管仲相齐"之类的故事脍炙人口，但对于公元前685年的鲁庄公姬同来说，却犹如受了莫大的愚弄。

管仲为姜小白策划的称霸路线图，是首先稳定国内局势，发展经济，训练兵士，然后有计划、分步骤地向南、向西扩张势力。

当时的国际形势，在一番兼并之后，可称为大国者，无非晋、齐、宋、鲁、卫、郑等。鲁国与齐国接壤，齐国要向南发展，必须先征服鲁国。

公元前684年，齐国大举进攻鲁国，双方战于长勺。《史记·十二诸侯年表》云："齐伐我，为纠故。"意思是，齐国此番大规模军事行动，还是因为公子姜纠的缘故。但实际上此时齐国大局已定，姜小白早已把姜纠抛之脑后，即便他说是因为姜纠的原因，也不过是个借口。

姜小白以为，攻打鲁国不需费太大力气，就可使其屈服，他没料到，鲁国忽然凭空出现一个名叫曹刿（音桂）的人，使得战场形势为之转折。

三

"十年春，齐师伐我……"

因为被选入中学课本，《曹刿论战》广为人知。

此文选自《左传·庄公·十年》，讲述齐、鲁长勺之战的过程。但令人颇为不解的是，《左传》浓墨重彩描写的这场战役，在《史记》中却不见踪影，无论《齐太公世家》还是《鲁周公世家》均不着一字，只在《史记·十二诸侯年表》中出现区区六个字："齐伐我，为纠故。"

《左传》对长勺之战的记载，是围绕着曹刿展开的。这个人有如天外来客，此前从未在《左传》中出过场。出场之后，他也只露过两次面，第一次，即是公元前684年的长勺之战；第二次，是在公元前671年，"曹刿谏庄公如齐观社"——曹刿作为谋臣，劝阻鲁庄公姬同前往齐国参加祭社活动，姬同不听。

曹刿的两次出现，在《左传》中隔了十几年的时光，证明他曾长期在鲁国为官。

曹刿的第一次露面，可以用惊艳来形容。

当鲁庄公姬同准备迎战齐国大军时，可以想象，他并没有什么胜算。

就在此时，曹刿忽然出现，要求面见姬同。

曹刿的一位同乡闻听此事，阻止他道："出谋划策是士大夫们的事，你又何必插嘴呢？"

曹刿答道："那些整天吃肉的大夫们愚蠢不堪，根本就没有什么计谋。"

从这句话可以看出，曹刿不是"肉食者"，而是一个出身卑贱的普通人。但曹刿是个足智多谋的普通人，所以才自恃有才，敢于出言不逊，一竿子打落一船人，瞧不起所有"肉食者"。其实，这句话本身就显示出曹刿的聪明——他故意口出大言，为的就是引起国君的注意。

果然，姬同答应接见曹刿。双方展开了一场对话。

曹刿问姬同："您凭什么和齐国打仗？"

姬同说："衣物食品，我不敢独自享用，拿来分给众人。"

曹刿说："这些小恩小惠不可能施及所有人，民众未必会追随。"

姬同说："祭祀时所用的牺牲玉帛，我必依礼为之，不使超越规定，以示诚信。"

曹刿说："这么做不足以取信鬼神，鬼神也未必赐福保佑。"

姬同又说："大大小小的官司、案件，虽不能全部处理得清楚明白，我也尽力使之合情合理。"

曹刿道："这才是尽心尽意为民做事啊，凭这一点，就可以与齐国作战了！请让我跟您一起赶赴战场吧！"

不知他们还曾谈过什么，比如具体的战斗策略之类，但姬同显然很看重曹刿，不仅答应了曹刿的请求，将其带往前线，还让曹刿与自己同乘一辆兵车。

双方战于长勺。

长勺所在虽有争议，但多认为在今山东省莱芜市东北的苗山镇西杓山村。村南有一座杓山，郁郁葱葱，虽然不算很高，但在这丘陵地带已经颇有气势。当地人说，这山远看像一把倒扣的勺子，或许就是古时"长勺"地名的来源。但据《左传》所说，因为商的遗民长勺氏曾在此定居，故而

　　　　　　　曹沫：劫持者的身份谜团

　　中国有许多山，其名字暗示着自己的形状，比如龟山、龙头山、鹤鸣山之类，但实则都是附会，怎么看都不像。怎么看才会像呢？在临潼骊山时，有个当地人曾告诉我：你要一边看一边想，想着想着就像了。我觉得杓山像一把倒扣的勺子，大概就是想出来的结果。

得名长勺，与山形是否像勺子并无关系。

从南向北遥遥望去，杓山倒还真像一把勺子，笨拙地扣在地上。它的四周，远远匍匐着连绵群山，也都是低矮无奇的模样，却围出了一片广阔的盆地。这种地理形势十分适合作战：山中可藏兵储粮，盆地又可展开大规模车战。

事实上，长勺之战就是以车战为主的。

此时正是公元前684年的春天，鲜花盛开，百草丰茂，齐、鲁双方摆好阵势，一触即发。姬同刚要击鼓进军，被曹刿阻止。待齐人三鼓之后，鲁人鼓起，双方激战，齐师遂败。姬同急欲乘胜追赶，曹刿又不同意。他下车观看齐军车辆的轨迹，又登轼远望，良久，才告诉姬同："可以追了。"

这一战，鲁国以弱胜强，大败齐军，全靠曹刿指挥得当。战后，姬同询问曹刿为何如此指挥，曹刿对曰："作战靠的是勇气，一鼓作气，再而衰，三而竭。齐人三鼓，我军一鼓，彼竭我盈，所以胜之。但齐是大国，难以测度，我担心他们诈败而诱我军，所以不敢贸然下令追赶。后来我见其辙乱旗倒，知其真的败了，才下令逐之。"

这段话表明，曹刿深得兵法之妙，堪称帅才。

曹刿立下大功，必定受了鲁庄公姬同的重赏，平步青云。只是《左传》对战后的人事安排没有任何记载，后人也只能大致猜测。但有一点可以确定，在春秋前期壁垒森严的等级社会中，平民曹刿一战成名，从此幸运地变成了"肉食者"，至迟到公元前671年时，他始终在鲁国为官。

而就在长勺之战后三年内，鲁国与齐国至少又发生三次大战，并且都以鲁国失败告终。这三次战役，鲁国的领兵大将都是同一个人：曹沫。

此处显得疑问重重：这三次战役发生时，曹刿应该也在鲁国，鲁庄公姬同为何不让谋略高超的曹刿为将，而重用曹沫，以致三战皆败呢？曹刿与曹沫，这两个同姓的人，又同处鲁庄公时代，他们究竟是什么关系？

四

如果说曹刿的身世朦胧莫辨的话，曹沫的来历也清晰不到哪里去。

曹沫的简历，不过区区几十个字。司马迁在《史记·刺客列传》中如此记载：

> 曹沫者，鲁人也，以勇力事鲁庄公。庄公好力。曹沫为鲁将，与齐战，三败北。鲁庄公惧，乃献遂邑之地以和。犹复以为将。

从这段话中，可以得出如下几条结论：

其一，鲁人曹沫得到鲁庄公姬同的重用，不是因为谋略，而是因为勇力；

其二，曹沫领兵与齐国交战三次，全部失败，显然不是本领高超的将领；

其三，三败之后，鲁庄公姬同不仅不加以处罚，还继续任其为将，可见姬同对曹沫的信任，已经到了不可理喻的地步。

曹沫到底是一个怎样的人呢？

不知道。我们只知道，他是一个不太合格的将领，也可能是运气不太好。正是他的三次失败，迫使姬同向姜小白求和，条件是割献遂邑（据说在今山东省肥城县南）。

姜小白接受了姬同的求和条件，双方约定在齐国的柯邑会盟。

公元前481年，约定的日期终于到来，会盟坛上，一切准备停当，仪式开始。

坛下，败军之将曹沫不动声色地坐着，似乎没有引起任何人的注意。

无人知道，一把匕首正藏于曹沫怀中，跃跃欲出。

　　春秋鲁国都城的遗址，位于今山东曲阜城区和东、北外围，始建于西周初年，前朝后市、左坛右社，严格遵循着周礼的规定而建。鲁国灭亡后，此地以"鲁县"为名，长达八百余年，直到隋文帝开皇四年（公元584年）诏改"鲁县"为"汶阳"，十二年后又更名为"曲阜"，沿用至今。现存的曲阜古城建于明代。

五

　　这是春秋时期的一个重大事件，气氛庄严的会盟坛上，赫然出现了劫持者的身影。

　　当曹沫起身向坛上走去时，会盟仪式已经接近完成：书盟辞于策、凿地为坎、歃血、昭告神灵、读载书、加书、埋书……都是熟悉的老套路。

　　曹沫的步子很快，疾风般飘了过去。卫士们准备阻拦时，他已经到了

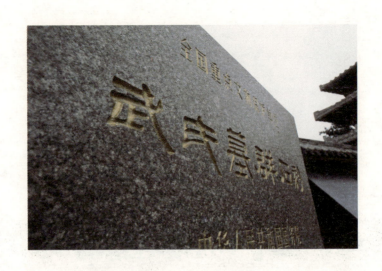

  享誉海内外的武梁祠建于公元 151 年，原本矗立在山东省嘉祥县的武梁墓前。在这座祠堂的汉画像石上，有一组画像描绘了中国历史上的六位著名刺客，其中就包括了《史记·刺客列传》记载的五位，曹沫、专诸、豫让、聂政和荆轲，另一位则是要离，载于《吴越春秋》等书。一些学者认为，武梁祠刺客画像的文本来源是《史记·刺客列传》，但细究图像，却并非如此。比如"曹沫劫齐桓公"一图中画上了管仲，但在《史记·刺客列传》中，并没有明确指出管仲当时在会盟台上。

坛上。

  山东嘉祥武梁祠汉画像石上，有一幅图描绘了曹沫劫盟的情景：曹沫登坛之后，左手前伸，似乎抓住了姜小白的衣服，右手的利刃则指向姜小白的腹部。事情如此突然，原本端坐的姜小白此时已陷入慌乱之中，他背后的管仲却显得很镇静，似乎正与曹沫交谈。而曹沫背后的鲁庄公姬同，也显得手足无措……

  自然，姜小白的卫士们是不敢轻举妄动的，所谓"投鼠忌器"，正好用来形容此时的情境。

  根据《史记·刺客列传》的记载，劫持发生的时候，曹沫与姜小白的左右有过简短的对话。这个"左右"虽指向不明，但应该就是管仲。

管仲说："您要干什么？"

曹沫答道："齐强鲁弱，作为大国的齐国数度侵犯鲁国，也太过分了吧！如今鲁城一坏就压到了齐国的边境，您想想该怎么办吧！"

曹沫的意思很明白：齐国侵占鲁国这么多土地，还请尽数归还吧，否则，我不能保证齐君的生命安全。

若曹沫杀死姜小白，他自己也必定性命难保。不仅如此，恐怕鲁庄公姬同以及陪同前来的所有鲁国官员，都将面临巨大危险。毕竟，柯邑是齐国的土地，在齐国的土地上杀死齐国的国君，怎么可能全身而退？

曹沫是不怕死的，他敢于劫持姜小白，就已经做好了死亡的准备。

但姜小白怕死，他登上君位不过三四年，事业刚刚开始，好日子还长着呢。曹沫想到了这一点，所以他虽然手持利刃，但没有杀气毕现，说话的语气也并非咄咄逼人。

劫持的目的不是杀人，是实现自己的意图。既要令对方恐惧，又要防止对方鱼死网破。这个度，曹沫拿捏得很到位。

利刃之下，又兼管仲劝告，姜小白最终答应了曹沫的要求，许诺归还鲁国的土地。

目的达成，曹沫扔掉匕首，昂首下坛，依旧坐回原位，面不改色，辞令如故。

但对于姜小白来说，却无论如何也做不到辞令如故了。他作为堂堂大国之君，在如此庄重的场合，众目睽睽之下，被一个败军之将劫持，无疑是莫大的耻辱。盛怒之下，姜小白打算违背承诺，又是管仲阻止了他："不可。贪小利而背信，就会失去天下的人心。还是把土地还给鲁国吧！"

尽管心中恨怒难消，姜小白还是接受了管仲的建议，将曹沫三战所失之地，尽数归还鲁国。轰轰烈烈的曹沫劫盟事件，以和平方式收尾。诚如论者所说，这次事件对齐、鲁两国来说，可谓双赢：鲁国收回了土地，而齐国则收获了名声。长远来看，齐国从中得益巨大，其他诸侯国见姜小白守信重义，纷纷投向齐国怀抱，间接成就了齐国的辉煌霸业。

但柯邑劫盟的事件似乎并没有这么简单，在《吕氏春秋》中也曾提及此事，不仅与《史记·刺客列传》所载差异巨大，而且又引出了另一个人物：曹翙（音会）！

六

在《吕氏春秋·贵信》中，对劫盟的记载比《史记·刺客列传》详细得多。只不过，它没有给出事件发生的确切时间，只说"齐桓公伐鲁"，地点也未曾提及。

齐国大军逼近，鲁人不敢轻率迎敌，于是在距国都曲阜五十里的北方封土为界，请求像齐国的封邑大臣一样服从齐国。姜小白答应了，并与鲁庄公姬同约定次日会盟。

曹翙就是在此时悄然出场的。

他问姬同："您是打算死而又死呢，还是打算生而又生？"

这句话像绕口令，让姬同有些犯晕："什么意思啊？"

曹翙说："若您能听臣之言，可保鲁国国土广大，您安全无忧，此所谓生而又生；若不听臣之言，鲁国必陷危亡之境，而您恐怕也自身难保，这就是死而又死。"

这话说得很大，风格很像《曹刿论战》中曹刿对"肉食者"的评论，自信得无以复加。但姬同点头答应了："好吧，听你的。"

就像充分信任曹刿、曹沫一样，姬同对这个曹翙也是毫无保留地

　　齐国强盛的时间十分漫长，在齐桓公去世之后，依然是东方的一等强国，作为
都城的临淄，也是当时国际知名的大都会。20世纪60～80年代在山东临淄出土的
东周殉马坑，其殉马数量至少在六百匹以上，足够装备一百五十多辆战车。此墓主
人为齐景公姜杵臼，距齐桓公姜小白的时代已有一个半世纪。

信任。

　　曹翙的计策实际上就是劫盟。

　　第二天，会盟即将开始，姬同与曹翙登坛，怀里各揣着一把短剑。坐
于坛上的姜小白还没反应过来，姬同就已经用左手一把揪住了他，右手从
怀里抽出短剑——和《史记·刺客列传》记载的曹沫劫盟不同，姬同的剑
没有指向姜小白，而是指向自己。

　　很明显，姬同想拼命。

　　姬同对惊慌失措的姜小白说道："鲁国都城本来距边界数百里，现在倒

　　　　　　　曹沫：劫持者的身份谜团

好，只剩下五十里，鲁国大概很快就要亡了吧。亡国是死，和你拼命也是死，那我今天干脆死在你面前算了！"

管仲和鲍叔牙一看大事不好，连忙登坛。哪知曹翙手持短剑，死死挡住去路："两位国君正在商量事情呢，你们还是先别上去了。"

坛上，姬同已经开出了条件："把边界定在汶水吧，否则我一定死给你看！"

汶水流经泰山一带，已近齐境。

管仲听了，赶紧对姜小白说："是以国土保卫君主，而不是以君主保卫国土，您赶紧答应了吧！"

姜小白允诺。双方在汶水之南封土为界，并重新订立盟约。

回到临淄之后，姜小白反悔，意欲毁约，管仲说："不可以。人家鲁国的目的就是劫持您，和您谈条件，根本不是为了会盟，这一点您不知道，不可谓智；在被劫持的危急时刻，不能不接受人家的条件，不可谓勇；答应了人家的条件又不给，则不可谓信。不智、不勇、不信，若这三者您都占了，如何在天下建立功名？还是把土地还给鲁国吧，虽说有所损失，但却得到了诚信的名声——用四百里土地就向天下人示以诚信，您可是赚大了！"

《吕氏春秋》的记载到此戛然而止。

难题来了，主要有两个：

其一，劫盟的怎么成了鲁庄公姬同？

这个问题，历来很多争议，但主流的看法还是以《史记·刺客列传》为准，因为姬同贵为鲁国之君，而鲁国又是春秋列国之中最讲"礼"的国家，若在会盟坛上做劫持之事，既不合身份，也不合逻辑。而且，诸子之书历来多传说成分，又喜欢添加文学性的夸大，不能当作确凿无疑的史实。

其二，曹翙是什么人？

参与劫持姜小白事件的人，《史记·刺客列传》说是曹沫，《吕氏春秋》说是曹翙，而《韩非子》则说是曹刿："曹刿匹夫之士，一怒而劫桓公万乘之主、反鲁侵地。"……这三个姓曹的，到底是什么关系？

看来，要解开这劫持者的身份谜团，并非易事。

七

曹沫、曹刿、曹翙。

这三个名字就像谜语一样，让历代的学者们头疼不已。很多年过去了，争论依然在继续，但并没有翻出什么新的花样。

曹刿和曹翙，已经被公认为是同一个人——"刿"与"翙"是通假字。这种现象在历史上很常见。

于是问题就集中在曹沫与曹刿的关系上，这两个名字所指的是不是同一个人呢？

很多学者认为他们是同一个人。唐代的司马贞在《史记索隐》中提出，《史记·刺客列传》中的曹沫就是《左传》里的曹刿，他的依据是"沫"字的读音："沫音亡葛反……沫、刿声相近而字异耳。"

杨伯峻先生在《春秋左传注》中，虽然没有明确指出曹沫与曹刿是同一人，但也说"沫、刿音近"。

陈奇猷先生在《吕氏春秋校释》中更是直言"翙、刿、沫三字通假"，言下之意，三人本是同一人。

除此之外，学者们公认曹刿、曹沫本是一人，更多基于逻辑推论和史料互证。从逻辑上说，曹刿与曹沫都是鲁庄公时的重臣，而且都曾参与对齐国的战役，他们若是两个人，在史籍中应该有交集，但现存所有史料中，不是曹沫单独出现，便是曹刿独自登场，因此极可能是同一个人。

曹沫：劫持者的身份谜团

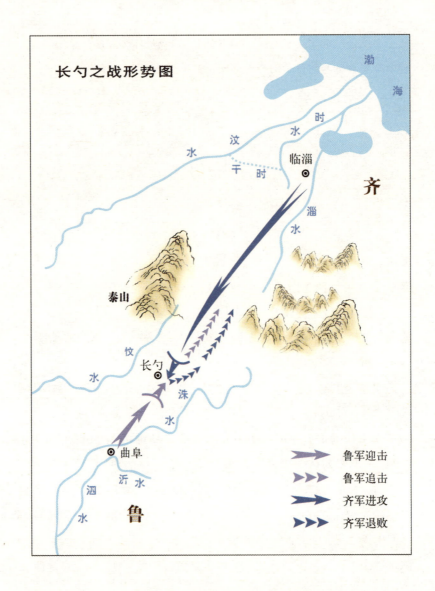

长勺之战形势图

渤海

齐

汶水
时水
临淄
干时
淄水

秦山

忟水

长勺

洙水

曲阜

沂水

泗水

鲁

➤ 鲁军迎击
▸▸▸ 鲁军追击
➤ 齐军进攻
▸▸▸ 齐军退败

　　鲁国在长勺之战的胜利，功劳全在曹刿。他的大局观和对形势的准确判断、对时机的精准拿捏，成为鲁国获胜的关键。只是此战规模较小，并不能反映出齐、鲁两国的真正实力。长勺战后，鲁国对齐国的战争，大多以失败告终。（地图绘制／孙园园）

　　长勺古战场遗址上，野菊随风招摇。来此访古的人们，虽然可以想象曹刿在战场上的指挥若定，但对于此人的内心，却终究难以猜测。现有的史料无法拼凑出一个完整的曹刿，他是一个谜。

　　　　　　　曹沫：劫持者的身份谜团

从史书记载来看，《史记·刺客列传》说劫持齐桓公者是曹沫，《管子·大匡》、《吕氏春秋·贵信》则说参与劫持者是曹刿，无疑，劫持者只能是一个人，也就是说，曹沫就是曹刿。

但是，即便有了如此多的证据，依然有人持反对意见：如果曹刿与曹沫是同一个人，那为何他在长勺之战大放异彩，指挥鲁军大胜齐军，此后却又连续三次败给齐军呢？前后不过几年，为何差异如此之大？

其实，这个问题不算太难回答：胜败本属兵家常事，历史上的常胜将军少之又少，何况曹沫并不是一流的军事家。长勺之战，鲁军大胜，固然是曹刿谋略得当，但姜小白初登王位，傲慢轻敌也是重要原因。此役齐虽大败，但对于一个大国来说，无伤根本，而且姜小白还从中吸取了教训。此后，在管仲等人的辅佐下，姜小白大力推行富国强兵之策，经济实力与军事实力又有了极大提升。所以公元前684年至公元前681年之间，齐三次伐鲁，必然都做好了充足准备，鲁国再无侥幸取胜的可能。鲁国的三败，是整体性的失败，仅凭曹刿一人，不能回天。鲁庄公姬同大约也是明白这一点，所以并没有责罚曹刿，而是一直任其为将。

至此可以下一个完全的结论了：曹沫与曹刿就是同一个人，他不仅参与了长勺之战，还参与了柯邑之盟，并在大庭广众之下劫持了齐桓公姜小白。

八

终于可以回到开篇那个问题了：曹沫到底算不算一个刺客？

"刺"即刺杀，按照这个解释，曹沫自然不是刺客。但司马迁所理解的刺客恐怕与此不同。

在《史记·刺客列传》的结尾，司马迁如此评价他所提到的几位刺客："自曹沫至荆轲五人，此其义或成或不成，然其立意较然，不欺其志，名垂后世，岂妄也哉！"——从曹沫到荆轲，这几个人的义举有的成功了，有的失败了，但他们志向明晰，不违初衷，因此全部名垂后世。

在这里，司马迁强调的是一个"义"字。

"义"字的内涵十分丰富，但最基本的解释无非公正与正义。不知道司马迁是如何理解这个"义"字的，但他笔下的曹沫以及专诸、豫让、聂政、荆轲五人，其事迹却都是以弱者的身份反抗高高在上的强权。即如曹沫而言，虽身为鲁国的将军，但在齐桓公姜小白面前，却处于无疑的弱势。在曹沫的时代，弱者之于强权，本无公正可言，他要想取得公正，除了铤而走险，别无他途。正如张承志先生在《清洁的精神》中所言："今天，我们的体制派们按照他们不知在哪儿受到的英美式教育，无疑会齐声大声叫喊曹沫犯规——但在当时，若没有曹沫的过激动作，强权就会压制天下。"

所以，我认为司马迁把曹沫列入刺客行列，正是因为曹沫反抗强权的激烈行为，与专诸、豫让、聂政、荆轲等人有某种程度的相似——劫持与刺杀，都是最后的、孤注一掷的反抗。

司马迁看重的是本质，而非具体的形式。

司马迁是一个理想主义者，他倾尽心力描写的刺客们因此也都染上了理想主义的色彩。但在弱肉强食的春秋时代，理想主义脆弱得不堪一击，曹沫虽然暂时为鲁国争回了土地，但鲁国终究不能逃脱向齐国臣服的命运。

强权在这个世界上始终存在，但只要它在横行，就一定会有反抗者出现。

　　　　曹沫：劫持者的身份谜团

酒既酣，公子光详为足疾，入窟室中，使专诸置匕首鱼炙之腹中而进之。既至王前，专诸擘鱼，因以匕首刺王僚，王僚立死。左右亦杀专诸，王人扰乱。

——《史记·刺客列传》

专诸

刺客之道的开创者

专诸：

刺客之道的开创者

    在武梁祠画像上，专诸刺王僚的瞬间被戏剧化地定格：专诸即将行刺，鱼已被扔到一边，盛鱼的盘子尚未落到地上，而他身后的两个卫士已经用手中的兵器——长戟，刺入他的身体。正是这两件兵器，表明这幅画像的文本来源更接近《吴越春秋》。无论在《史记》还是《左传》里，王僚卫士的兵器都被写作"铍"，这似乎是一种类似剑的兵器；但《吴越春秋》明确说是长戟。

无锡东郊鸿山上，有刺客专诸的墓。

我去看时，正值清明时节，四处鲜绿与繁花，一派江南胜景，心头不由浮起"烟花三月下扬州"这等曼妙诗句来。

念诵着这样的诗篇去寻找刺客专诸的踪迹，虽是一种奢侈的享受，但多少也会有些虚幻之感。因为这刺客与飘渺的诗意无关，他所从事的事业杀机重重，生死悬于一线。而他最终也没能死里逃生。

鸿山脚下，四处探问：刺客墓何在？竟无人知道。他们所知道的，是吴泰伯

专诸之墓位于冷清的小山坡上，杂草丛生，远方背景处的小小坟墓，墓碑写明它的主人是西汉高士梁鸿。关于梁鸿的故事，常被提及的主要是两件：一是他敢于抨击朝政，而且不受朝廷高官厚禄之诱，甘于隐居的清贫生活；二是他和妻子孟光一起为中国留下了"举案齐眉"这个典故。

　　专诸之墓几百米外，是江苏省重点文物保护单位泰伯墓。泰伯墓本身并不大，但修葺得整洁坚固，墓前还有人敬献的香火和鲜花。泰伯墓前，从山坡直至山脚，各种塑像和建筑齐备，自是颇有气势，刚刚修建完成的吴泰伯文化广场更是大得惊人。

（《史记》写作"太伯"）墓，也在鸿山之上。

　　吴泰伯自然是有名的，司马迁在《史记》中将其列于三十世家之首，称他是周文王姬昌的伯父，吴国的创始人。尽管身世如此显赫，吴泰伯的陵墓本身却算不得豪华，不过一方小小的土丘。但山脚下的纪念馆和吴泰伯文化广场，却是极盛大的排场，崭新而且面积巨大，气势足令身后低矮的鸿山相形见绌。一个正在整理花坛的人惋惜地对我说：你来得不是时候啊，如果再晚几天，就能赶上吴文化节开幕，地方和省里的许多政要们都会赶来。

文化节和政要们，自然是冲着吴泰伯来的，而刺客专诸早已被排除在官方主流文化的怀抱之外，尽管他曾为吴国命运之转折付出了生命，尽管太史公司马迁以如椽之笔载其事于《史记·刺客列传》，尽管这两千五百年前的勇士的小小坟墓与泰伯陵不过咫尺之遥。

泰伯陵的售票员说，出泰伯陵，左行不过两三百米的山坡上，就是刺客墓了。

那时正是4月之初，惠风和畅，阳光温暖，我穿过空寂无人的山林，绕过小径上散乱的石头和树桩，有些失落的心情渐渐平复，取而代之的，是一种越来越清晰的敬畏之感。仿佛自己不是在走近一座墓，而是在走近一个人，一个与今天迥然相异的时代。

面南的山坡上，在荒草和树枝的遮掩下，专诸之墓落寞而荒凉。

这被当地人称为刺客墓的所在，实际上纪念着三位古人：右面是刺客专诸，左面是刺客要离，中间则是高士梁鸿，三座墓全都一般大小，以品字形排列于半山腰上。专诸和要离，都是春秋时吴国人，他们一前一后，刺杀了吴国两位重要人物；梁鸿则是西汉末年一位高士，《后汉书》中有他的传，而且评价极高。

这三位并非同一时代的古人，在鸿山以如此独特的形式相聚，其间有着一线细微但却坚韧的联系。这联系肇始于专诸，追溯其根源，却可以直达更为遥远的吴泰伯。

二

吴泰伯的事迹，大约发生在公元前 13 世纪末至公元前 12 世纪初，时值商王朝晚期。泰伯作为周部落酋长古公姬亶父的长子，在这段时间的某一年，帮助父亲解决了一个大难题，并由此在历史上留下了"高义"的美名。

当时，姬亶父有好几个儿子，其中最小的儿子名叫姬季历，而姬季历又有一个儿子名叫姬昌，即后世所称的周文王。姬亶父可能十分看好这个孙子，希望他最终能够成为周部落的领袖，率领周人开创一番伟大事业。

在商代，国王传位遵循的原则一般是"兄终弟及"，哥哥死了，把王位传给弟弟。但周人施行的是"父死子继"的制度，按照这种制度，酋长之位要想传给姬昌，必须先传给姬昌之父姬季历。于是，一个难题摆到了姬亶父的面前：姬季历不是长子，按照正常的途径，他没有资格成为酋长之位的继承人。

但是泰伯已经看出了父亲的意图，于是在某一年，当姬亶父身染重疾之时，泰伯拉上二弟仲雍，以采药为名，一口气从周地奔至荆蛮，从此再也没有回去。他把领袖的位子让给了弟弟姬季历，以此完成了父亲的夙愿。

史书所谓荆蛮，实际上即后世所谓吴越。而泰伯的落脚点，据说是在今天无锡东南六十里之梅里。泰伯到了那里，即混同于土著之中，纹身断发，自号勾吴。他让位的义举很快传扬开来，"荆蛮义之，从而归之千余家"。

吴国的历史，就此在泰伯的万丈光芒之中铺展开来。正如鸿山泰伯陵中的一副对联所云："人间天上唱高义，古往今来歌至德。"他不仅是吴的开创者，更成为这个国家的偶像和精神支柱。事实上，泰伯的名声不仅传遍吴越，也流布于中原，儒家经典《论语》就曾对其盛赞不已："泰伯，其

　　　　　　　专诸：刺客之道的开创者

　　按照《史记》的记载，吴泰伯的故事光明而圆满，他几乎是一个完美的化身。但这个故事曾遭到广泛质疑，童书业先生在《春秋史》一书中问道：泰伯、仲雍生当周室势力尚未大发达的时候，古代交通闭塞，就是要逃，怎能逃到这么远的地方去？而且《左传》中提到山西虞国的祖宗也是泰伯。因此童书业先生"疑心"：吴的王室是楚的支族。

可谓至德也已矣。三以天下让，民无得而称焉。"孔子说，泰伯如此伟大，老百姓都不知道该用什么词来称颂他了。

　　学者李零先生说，孔子之所以如此盛赞泰伯，不过因为，泰伯生于商周之际，还能讲这种原本属于尧、舜、禹时代的旧道德，实在不容易。

　　孔子是个怀旧派，他认为所有的美好时代都已一去不返，而他所在的东周更是礼崩乐坏。但我们不得不承认，在许多具体问题上，他的看法是准确的。

　　当吴泰伯在远离故土的勾吴逝去之后，他的弟弟仲雍得立。此后又历十八世，至公元前 6 世纪中期吴王寿梦准备传位之时，姬亶父遇到的难题也同样摆到了寿梦面前。但寿梦没有姬亶父那么幸运，他的子孙以一场暴烈的自相残杀摧毁了他的梦想。

根据《史记·吴太伯世家》的记载，寿梦有四个儿子，分别是老大诸樊、老二余祭、老三余眜和老四季札。此四人中，寿梦最喜欢的是季札，有心让他接替自己的王位。但无奈季札坚决不接受，寿梦只好立了长子诸樊。

公元前 561 年，诸樊登上吴国王位之后，即向季札表达了让位的意思。季札再次拒绝，后来干脆舍弃家室财产跑去种地，以示自己心意已决。

但季札的行为并没有让诸樊死心，公元前 548 年诸樊去世之时，特地留下遗命：王位不传于子，而传于二弟余祭。诸樊的目的很明确，就是按次序兄弟相传，最终非传给季札不可！

这个设计本身看似合理，实则埋下了巨大隐患：如果到了最后，季札还是不接受王位，该怎么办？

果然，到公元前 527 年，老三余眜临终前，按照诸樊的遗命打算传位于季札之时，这位已经辞让两次的贤人再次明确拒绝，并且远远逃离了国都。如此一来，诸樊计谋落空，吴人终于不情不愿地接受了事实。国不可一日无君，于是余眜的儿子僚嗣位，是为吴王僚。吴人以为，兄终弟及是先王诸樊的遗命，既然季札不受王位，那么余眜就是兄弟中最后一位国君，由他的儿子嗣位，理所应当。

但有一个人却不这么想，他就是诸樊之子吴光。在吴光看来，既然季札跑了，那么王位就该归他吴光，因为上一代的四兄弟中，他父亲诸樊是最早当上国君的。

诸樊没有料到，自己的遗命非但没有达成父亲生前的意愿，反而酿成了血光之灾。当吴光意识到自己不可能通过正常途径取回王位时，遂决定采取非常之手段，刺杀吴王僚。

刺客专诸就是在这样的背景下，逐渐走近了公子吴光的世界。

三

专诸这个名字，《左传》写作"鱄设诸"。杨伯峻先生解释说，"设"字没有明确意义，类似"介之推"的"之"字，是个语气助词。

但"鱄"字比较奇特，它既是一个姓，也是一种鱼。《吕氏春秋·本味》篇说："鱼之美者，洞庭之鱄，东海之鲕。"《山海经》则记载道："黑水南流注于海，其中多鱄鱼，其状如鲋而彘尾，其音如豚，见则天下大旱。"既是绝世美味，又颇有神秘之感。

这个字似乎在暗示，专诸的祖先曾经从事过和鱼有关的工作，比如渔夫。

于是在我的想象中，专诸渐渐拥有了一副渔夫的模样，虽然仅仅是个模糊至极的剪影。

他的故乡在堂邑，春秋时属吴国，邻楚。堂邑后来更名为六合，据说是因其境内有六合山之故。如今，这里是江苏省会南京的一个区，远远地游离于主城区之外，证明着这个城市不断扩张的野心。3月之尾，我曾攀上长江南岸的燕子矶，试图眺望浩荡长江之北的六合，但远处一派烟霭，我不过隐约瞥见了它的一角。一个对六合很熟悉的朋友告诉我，没必要专门跑一趟，他在那里没听说过任何与专诸有关的东西，连传说都没有。

专诸的事迹，不在六合，在烟波浩渺的太湖之畔。

从南京向东南，沿着长江入海的方向，一路经过镇江、常州，到达无锡时，即已抵达太湖之滨；再向东南行，便是古往今来名闻天下的一代名都苏州。无锡与苏州，太湖北岸的双子星，正是春秋时期吴国核心所在。这一片湿润肥美的土地，司马迁在《史记·货殖列传》中将其归于"东楚"，他说此地富有鱼盐、矿产和四通八达的水系，南接越，北通齐，人民清正严苛，信守诺言。

　　从燕子矶遥遥北望，笼罩于远处烟霭中的，便是南京市六合区。春秋时，六合称棠邑，大约在隋朝更名为六合。六合作为一个汉语词汇，读为 liù hé，泛指天下和宇宙；但作为地名，正确的读法是 lù hé。

　　太湖位于江苏、浙江两省交界处，面积约两千五百平方公里，系中国东部近海区域最大的湖泊。春秋时，太湖北岸属吴，南岸属越，往西，则接近楚国的边界，所以春秋后期南方的战争，很多发生在太湖一带。

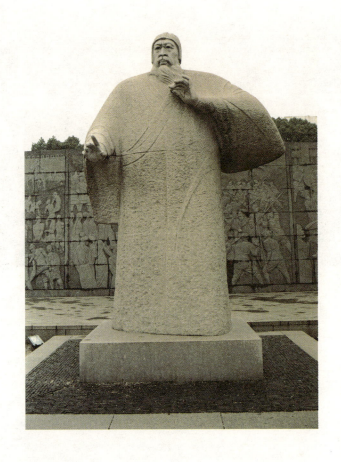

　　苏州胥门遗址内的广场上，伍子胥的雕像高高矗立。从人物形态来看，雕像既有舞台形象的意味，又兼顾着写实的风格。但这样的身材，无论如何都是令人惊讶的。伍子胥的一生，跌宕起伏，充满传奇色彩。司马迁在《史记·伍子胥列传》中如此评价："怨毒之于人甚矣哉！王者尚不能行之于臣下，况同列乎！向令伍子胥从奢俱死，何异蝼蚁。弃小义，雪大耻，名垂于后世，悲夫！方子胥窘于江上，道乞食，志岂尝须臾忘郢邪？故隐忍就功名，非烈丈夫孰能致此哉？"

无人知晓专诸是在什么时候来到太湖之畔的，记载其事迹最为详尽的《吴越春秋》，初次提及专诸时，他似乎仍在乡间度着庸常的岁月。《吴越春秋》一书，重在讲述吴越争霸故事，其资料多取于《左传》、《国语》及《史记》等书，总体构架上遵循着历史的走向，但在细节叙述方面又颇多传奇色彩，有如后来的历史演义小说。

此书如此描绘专诸的出场：

专诸方与人斗，将就敌，其怒有万人之气，甚不可当。

他正在与人打架，拳头就要落在对手身上之时，身后忽然传来一声女子的呼喊。专诸听到喊声，急忙收起拳头，转身向家里走去。

那女子是专诸的老婆。

围观者中，有一位远道而来落魄不堪的楚国人，他见此情形，十分纳闷，遂问专诸："你这么厉害的一位壮士，怎么如此听从一个女人的呼唤呢？"言下之意，似乎是在嘲笑专诸怕老婆。

专诸看看此人，傲慢作答："先生说话怎么如此鄙陋？你看我的样子，像是蠢人吗？记住：夫屈一人之下，必伸万人之上！"

那楚国人没有料到，一个虎背熊腰的勇武之人，居然脱口便是惊世之言，不由心生敬意。

这个楚国人名叫伍员，字子胥。要到几年之后，专诸才能明白，他与伍子胥的邂逅，将是自己一生的转折点；而伍子胥在遇见专诸的那一刻，就已经把他编织进自己的庞大计划之中，等候有一天派上用场。

四

　　伍子胥是楚国太子太傅伍奢的儿子，一个不折不扣的贵族。但他此番前来吴国，既非出使，也不是旅游，而是一次处心积虑的逃亡。

　　这次逃亡，源于楚国内部一次残酷的权力博弈。博弈双方，一位是楚平王芈弃疾的太子少傅费无忌，另一位则是太子太傅伍奢。

　　故事的开始了无新意：费无忌一心上位，于是在奉王命为太子芈建娶新妇的过程中，玩了一个不算新鲜的花招——他建议芈弃疾将容貌绝美的秦女纳为己有，再为太子芈建另娶一女。芈弃疾见色起心，毫不犹豫纳了秦女，不久生下一子，名芈轸，即日后的楚昭王。费无忌由此离开太子而追随平王，成了芈弃疾眼前红人。

　　但费无忌很清楚，芈弃疾终有一天会离开人世，而被他耍弄过的太子芈建将登上王位，到那时，自己恐怕难逃杀身之祸。

　　解决这种危局的办法只有一个：让芈建永远失去登上王位的机会。

　　费无忌可谓幸运，因为芈弃疾足够昏庸。当谗言从费无忌口中源源不断传入芈弃疾的耳朵，他不加辨别地一一接收。公元前 523 年，芈弃疾令太子芈建守城父（在今河南宝丰），名义上是"备边兵"，实际是有意疏离芈建，意欲另立太子。

　　第二年，费无忌不再遮遮掩掩，而是直言芈建意欲谋反。他的理由很简单也很直接："太子因为秦女之故，早已心生怨恨，大王应该有所准备了。如今他在城父地方，内修军备，外交诸侯，恐怕不久就要起兵为乱！"

　　芈弃疾半信半疑，遂召太子太傅伍奢问以究竟。伍奢知道费无忌陷害芈建，于是反问芈弃疾："大王为何轻信谗贼小人，而疏离亲生骨肉呢？"

　　伍奢的话没能让芈弃疾醒悟过来，因为费无忌的游说之词直击芈弃疾要害："大王若不先发制人，恐怕要被太子活捉了！"

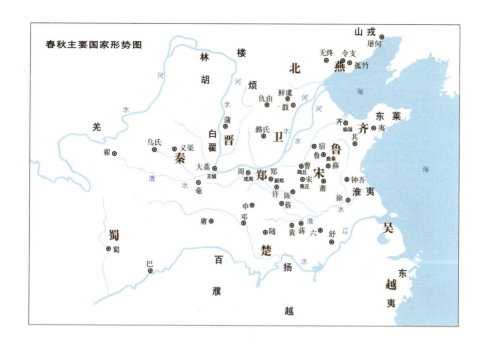

春秋主要国家形势图

从春秋形势图来看，伍子胥逃亡的路线，基本围绕在楚国周边，可见他的逃亡不仅仅是为了活命，而是处心积虑，伺机报仇，否则他一路跑到齐国甚至燕国，不更安全？郑与宋都是楚国北部相对较大的国家，但毕竟不能与楚抗衡，而且两个国家本身也是内乱纷纷。所以伍子胥最终逃至吴国，绝非仓皇之际的盲目奔突，而是深思熟虑之后的选择。（地图绘制／孙园园）

事关权势与性命，芈弃疾不再犹豫，他囚禁伍奢，并立即派人往杀太子。芈建闻之，逃亡宋国。

害人者不会就此罢休，他必须斩草除根，彻底消除缠绕着自己的恐惧和危险。

这个陈旧的故事依然在继续着老套的进程，费无忌一边继续派人打探芈建行踪，一边准备将伍奢全家一网打尽。他进言芈弃疾："伍奢有两个儿子，老大伍尚，老二伍员，都非泛泛之辈。大王可以其父为人质，召他们入宫，然后一举杀之，否则日后必将为患楚国。"

　　　　　　　　专诸：刺客之道的开创者

　　今日荆州城北的纪南镇上，楚国郢都遗址依然存在，城墙遗址的广阔雄伟，在我所见的先秦古城址中十分罕见。当伍子胥在逃亡路上时，他的父兄已在这片土地上奔赴黄泉。多年以后，这片土地又见证了伍子胥报仇雪恨的快意与酷烈。

此时，身陷囹圄的伍奢早已洞悉费无忌的内心，所以当芈弃疾派人传话，让其召两个儿子前来时，他料想这又是费无忌的阴谋。来人说："若你能召二子前来，则生；不能，则死。"伍奢答曰："伍尚仁慈，呼之必来；伍员为人倔强乖戾，且能忍人所不能忍，可成大事，他知道来了就要被捉，其势必不来。"

伍奢早已做好死亡的准备。

芈弃疾不理会伍奢的回答，径自派人携带官印绶带，以伍奢名义诈召伍尚与伍子胥。

结果正如伍奢所料，伍尚不听伍子胥劝阻，抱着必死之心，执意前往见父亲一面，而伍子胥则怀着彻骨的苦痛与仇恨，踏上了漫漫逃亡之路。

伍子胥首先逃到宋国，与芈建相会，但恰逢宋国内乱，他们只能离开宋国，奔郑。

起初，郑人以礼相待，但后来芈建愚蠢地接受晋国国君的怂恿，打算里应外合，帮助晋国灭郑，结果东窗事发，这命途多舛的楚太子被郑定公毫不客气地诛杀，就此结束了屈辱的一生，时在公元前522年。

伍子胥一生中最为黑暗的时刻到来，恐惧如梦魇缠绕着他。芈建迈出的错误一步，使郑国顿成杀地。伍子胥只能带着芈建之子芈胜仓惶逃离郑国，前往吴国。

郑国都城，在今河南新郑，而吴国远在江苏。这一路虽无万水千山之遥，但道路艰险，杀机四伏。当伍子胥昼伏夜出，行至吴楚交界之昭关（在今安徽含山县北）时，几乎丢掉性命。著名京剧唱段《文昭关》，称其一夜愁白头，虽有传奇色彩，但对于伍子胥处境之想象，却颇为传神。唱词曰：

> 一轮明月照窗前，愁人心中似箭穿。
> 实指望到吴国借兵回转，谁知昭关有阻拦。

幸遇那东皋公行方便，他将我隐藏在后花园。

一连几天我的眉不展，夜夜何曾得安眠。

俺伍员好似丧家犬，满腹的冤恨我向谁言。

我好比哀哀长空雁，我好比龙游在浅滩。

我好比鱼儿吞了钩线，我好比波浪中失舵的舟船。

思来想去我的肝肠断，今夜晚怎能够盼到明天？

所幸命运眷顾，伍子胥不仅成功逃过昭关，过长江时，还得到一位渔父的慷慨相救。按照《吴越春秋》的说法，帮助伍子胥逃命的不仅有这位渔父，还有一位溧阳（在今江苏溧阳西北）女子，而他们都在救助伍子胥之后自杀身亡，以保守秘密。

千辛万苦之后，伍子胥终于到达吴国的土地。此时，他的父亲和兄长早已被芈弃疾杀死于郢都（在今湖北荆州市北纪南镇）的街市之中。深仇大恨几乎击溃伍子胥，他病了，一路乞讨为生，步履蹒跚向吴国都城而去。

大约就是在此前后，他遇到了正挥拳与人打架的专诸。

《史记·伍子胥列传》记载，当伍奢得知伍子胥逃亡的消息时，曾发出一声长叹："楚国君臣，就要为战争所苦了！"他预料到，自己的儿子必将不惜一切代价，为自己复仇。

五

世间乐土是吴中，中有阖门又擅雄。

翠袖三千楼上下，黄金百万水西东。

五更市贾何曾绝，四远方言总不同。

若使画师描作画，画师应道画难工。

唐寅这首《阊门即景》中的乐土"吴中"，实际上指的就是今日的苏州。这座被历代无数人吟咏过的繁华之地，约在公元前561年吴王寿梦之时成为吴国都城。但由于城址无从查考，所以后世多认为苏州作为吴都的确切历史起自公元前514年。

按照《吴越春秋》的说法，公元前514年，逃亡而来的楚国人伍子胥，奉吴王阖闾之命，"相土尝水，象天法地"，按照水陆双棋盘的格局建造了这座周围四十七里、水陆城门各八的阖闾大城。

阖闾，即公子吴光。

唐寅诗中的"阊门"即是八座陆门之一，位于阖闾城西北。在时光的永恒流逝中，阊门伴随整个古城的起起落落，毁而建，建后又毁，数度更迭，及至我看到它时，它又被整修一新，蹲踞在苏州最为繁华之地——石路商业区的一角。阊门在苏州的地位始终不曾失落，它成了这座古城的一个象征，曹雪芹在《红楼梦》第一回便以阊门指代苏州，并极力夸赞此处"最是红尘中一二等富贵风流之地"。

逃亡者伍子胥初到吴都，却无缘享受这人间天堂的富贵风流，他穷困潦倒，乞食为生。但深仇大恨埋于心底，伍子胥怎会如此虚度人生。他逃亡吴国，不为苟且偷生，而是为了借吴国之兵，伐楚，讨楚平王，杀费无忌，以泄心头之恨。但一个形如乞丐的卑微之人，又如何能说动一个堂堂大国为一己之私而举兵伐楚呢？

伍子胥在巨痛中苦苦思索。

某一日，繁华喧闹的吴市中忽然出现一位怪人，他蓬头垢面，言行癫狂。吴市人纷纷围观，却无人认识。如此几天过去，终于引起一位市吏的

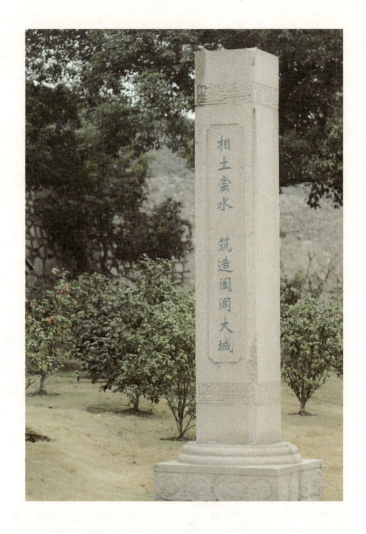

相土尝水　筑造阖闾大城

　　楚人伍子胥在吴国待了近三十年，公元前514年，新上任的吴王阖闾举伍子胥为行人，即接待国宾的外交大臣，与谋国政。伍子胥所做的第一件大事，就是主持设计、修建了阖闾大城。《吴越春秋》记载，此城"周回四十七里，陆门八，以象天八风；水门八，以法地八窗。筑小城，周十里"。这座城的修建，耗日持久，动用民力无数，奠定了此后苏州城的格局。

九刺客

注意。市吏即市场管理者，但这位市吏不仅长于管理市场，还擅长相面，他悄悄观察片刻，自忖道："我相过很多人的面，还从没有见过这样奇怪的人……莫非他是别国的亡命之臣？"市吏于是将情况报于吴王僚，并建议速速召怪人入宫。

等到伍子胥被市吏引入吴宫，借助吴王僚惊讶的目光，我们才大约知道伍子胥的外貌："身长一丈，腰十围，眉间一尺。"春秋时，一丈约合今天的两米，一围就是双手拇指、食指合拢的长度，一尺约二十厘米。吴王僚与这位身材异常魁伟的逃亡者对谈三日，发现他居然没有一句话是重复的，不由大喜过望："果然是位贤才！"

伍子胥明白吴王僚对自己欣赏有加，所以此后每次进宫，在与吴王僚交谈之时，都刻意表现出一派英勇气概。与此同时，他又不时透露出自己报仇雪恨的志向，以试探吴王僚的态度。吴王僚心知肚明，但却不置可否，顾左右而言他。这暧昧的态度让伍子胥十分失落。

但事情忽然有了转机。

一直图谋王位的公子吴光得知伍子胥来到吴国，有心将其招致门下，以为日后所用，所以向吴王僚进言道："伍子胥父兄被楚王所杀，他如今劝大王伐楚，无非是为自己报私仇。况且楚国强大，伐之未必可破，请大王勿用其计谋。"

吴光的这段话，貌似语重心长，实际上是在挑拨吴王僚与伍子胥之关系。吴光深知，伍子胥报仇心切，但时光无情，若吴王僚始终不发兵，伍子胥必然失望而另寻出路，那样，他吴光的机会就来了。

果然，伍子胥得知此事后，立即明白，吴王僚不仅不会为自己报仇雪恨，恐怕也没有这个机会了，因为城府极深的吴光心怀异志，不久就会取吴王僚而代之。

伍子胥随即调整策略，一面主动请求吴王僚不必再为自己的私事烦心，一面暗暗接近吴光，并适时向其推荐了勇士专诸。

专诸，本文的主角，在足够的铺垫之后，终于在伍子胥和吴光的相互

　　　　　专诸：刺客之道的开创者

利用和博弈中，"被"隆重登场了。

伍子胥则悄然隐退，带着芈建的儿子芈胜，到乡间做起了田舍翁。

他还需继续等待。

六

专诸的容貌，是通过伍子胥的眼睛透露出来的。《吴越春秋》如此描述："碓颡而深目，虎膺而熊背。"眉额突出，眼眶深陷，胸似虎而背如熊，一望便知乃勇武之士。

如今这勇士来到了自己门下，吴光顿时大喜过望。他的表演开始了："我这个没能继承王位的嫡长子能够得到你，真是上天的恩赐啊！"

我们无法知道伍子胥和专诸之间的交情到了什么地步，也不知道伍子胥用了什么办法说动专诸，让他去为吴光效力，更不知道伍子胥与吴光之间经过了一番怎样的暗中往来，但是很显然，专诸不仅接受了伍子胥的建议，而且十分清楚自己将踏上一条十分危险的道路，即刺杀吴王僚。所以，听完吴光这番意味深长的赞美，专诸没有绕圈子，他直截了当地回答："上一代吴王余眛去世后，由他的儿子继位，这应该是天经地义之事，公子您为何要杀死吴王僚呢？"

吴光不慌不忙，将父辈兄终弟及的往事绘声绘色讲述一遍之后，再次强调了自己嫡长子的身份："余眛去世后，王位空缺，最有资格继承王位的，就是我吴光，因为我是嫡长子。如今坐在王座上的吴王僚，不过是从我手中窃取了王位。可惜我势力薄弱，国中掌势大臣也不为我所用，所以我只能招揽您这样的勇士，帮我取回王位。我为吴王，名正言顺，日后当

　　苏州城西，临近太湖的胥口镇外塘村，有一座小小的"炙鱼桥"。桥栏上的字迹表明，此桥系 2002 年 10 月重建。重建之前是何等模样，不得而知，原来的旧桥初建于何时，也遍问不得结果。所有提到这座毫不起眼的小桥的资料，在述及专诸曾于此学习炙鱼的故事时，无一例外都使用了"传说"两个字。

季札返国，也断无理由将我废黜。"

　　专诸似乎还有些迟疑，他继续问道："那为何不派亲信之臣向吴王僚晓以大义，使其主动归还君位呢？毕竟，您私养刺客，准备以非常手段夺回王位，并不符合先王之道德。"

　　但这番天真的言辞并未在吴光心中停留片刻，这个一心夺取王位的人早已明了，所谓道德不过说说而已，在你死活我的权势争斗中没有半点用处："吴王僚贪恋权势，怎么可能主动放弃王位？所以我才会求患难之士，与我并力除之！普天之下，恐怕只有您能理解我了。"

　　专诸答道："您这么说太露骨了吧！难道必欲致吴王僚于死地？"

吴光说："一点都不露骨。因为这并非出于我个人私欲，而是事关国家命运。我办不到，所以就把身家性命托付于你了！"

专诸并非饱读诗书之辈，他长于乡间，胸无城府，对于世事之轮转更替，大约也不会有什么深刻的认识。本来他受人赏识，就已心怀感激，如今又有"国家命运"之类的虚幻大词忽然落到头上，仿佛吴国社稷兴衰系于自己一身，一股豪情顿时喷涌而出。

"那就请公子下命令吧！"

吴光知道自己已得专诸之心，虽万分欣喜，但却表现得异常平静："时机还不成熟啊。"

专诸急欲效命，说道："欲杀人君，必求其所好。不知吴王喜好什么？"

"好美味。"

"什么美味？"

"烤鱼。"

专诸于是退下，到太湖之滨专心学烤鱼去了。

根据民间传说，专诸的师傅人称太湖公，被后世厨师奉为"厨师之祖"，他传授专诸的拿手菜是"全炙鱼"。有人认为，如今流行于苏杭一带的"糖醋鱼"，即是"全炙鱼"的传承及代表。

专诸学炙鱼的地点，据说在今苏州西郊十五公里的胥口镇，水色山光，自是人间佳境。如今那里有一座修建不久的小桥，名曰"炙鱼桥"，以纪念刺客专诸在此度过的学厨岁月。

地点之虚实，自然难以考证；太湖公其人，也多半属于传说；但专诸学习烤鱼的过程，大约确曾发生过。湖光山色之间，当清风徐来，烤鱼的香气弥漫于四围，不知这虎膺熊背的壮士是否有过片刻的犹豫，怀疑自己将要冒险去做的一切是否值得……

三个月之后，专诸学成出师，遂安坐以待吴光之命。

七

时间行进到公元前 519 年，历史开始按照伍子胥所希望的那样发展。

这一年，吴伐楚，双方在鸡父（在今河南固始）大战，楚败。

第二年，吴国边邑卑梁女子与楚国边邑钟离（在今安徽凤阳）女子因养蚕争桑，导致两邑互斗。这本来不过是一件小小的纠纷，最终却酿成重大惨剧：楚国发兵屠了卑梁，吴国随后发兵屠了钟离，并灭掉居巢（在今安徽巢湖）。

就在吴楚双方结下冤仇，几欲爆发大战之时，公元前 516 年冬天，楚平王芈弃疾辞世，他与秦女所生之子芈轸嗣位，是为楚昭王。

伍子胥闻之，扼腕痛哭数日。杀害父兄的仇人已死，复仇的愿望不能完全实现，但楚国还在。伍子胥暗下决心，芈弃疾欠下的血债，要让整个楚国来偿还。

公元前 515 年，一个多事之秋。吴王僚见楚国忙于为芈弃疾办丧事，决定伺机攻打楚国。不料，他的两个弟弟盖余和烛庸，率军刚入楚国，就被楚军绝了后路，陷于楚军的包围圈之内。

时机来了！吴光急忙暗地将伍子胥找来，商讨对策。伍子胥对曰："今吴王伐楚，二弟将兵未知吉凶。时不再来，不可失也。专诸可以登场了！"

此时已近春天之尾，江南四五月间，必然一派浩荡春光。两千五百年后，当我也在这样的时节穿行在苏州的繁华街巷，乱花迷眼之际，不由猜测：等待了数年之后，当专诸终于接到吴光"时机已经成熟"的通知，是感到一丝紧张袭遍全身，还是忽然一阵轻松？

为了这个时机，吴光已经苦苦等待十二年。人生的大好年华，俱在对权势的渴求和隐忍中一去不返。他几乎带着恳求的语气告诉专诸："吴王二弟伐楚被围，季札也尚在国外，此天赐良机！"

说完，他又加了一句："且光，真王嗣也！"到了关键时刻，他似乎有点担心，怕专诸在数年无所事事的等待中消磨了意志和信心，所以再次强调自己嫡长子的身份。

专诸却表现得十分淡然，他的话既像是说给吴光，又似在自言自语："吴王僚是可以杀了。他母亲老了，孩子尚小，两个弟弟又被围困在楚国。外无救援之兵，内无骨鲠之臣，他们能拿我专诸怎么样呢？"

吴光得到这个回答，向专诸叩头曰："光之身，子之身也。"——我的命，就是你的命，我的生死全部托付给你专诸了。

吴光转身走了。

吴王僚随即接到了吴光的邀请：酒宴已在筹备之中，请您前来赴宴。

或许，吴光还曾着意提及，一位手艺高超的厨师将在宴席上奉上一道精美的炙鱼。

炙鱼，自然是吸引人的，但吴光为何要在此时邀请赴宴呢……有一瞬间，吴王僚感到些许不安。登上王位十几年来，尽管吴光并没有表现出篡位的举动，但民间的流言却始终未曾停息。

"不会有什么变乱吧？"吴王僚问自己的母亲。

老妇人提醒道："还是小心些为是。"

4月的一天，身穿三层铠甲的吴王僚往赴公子吴光的酒宴。他的士兵夹道护卫，漫长的队列自王宫直至吴光的府第，他的四周，也围满了亲信和手持长铍的卫士。

他不知道，另一队全副武装的甲士早已隐伏在吴光宅中的地下室里，就在他与吴光觥筹交错之时，那些甲士正屏息凝神，等待着来自主人的号令。

　　苏州城西万年桥南，有一座胥门，为伍子胥所建阖闾大城时所辟古门之一，其得名是因遥对姑胥山（即姑苏山）之故。现存的城门系元代重建，明清两代又屡次重修。作为苏州幸存的两座古城门之一，胥门虽小，却是热衷访古的旅行者在苏州的必去之地。

八

炙鱼端上来时，吴光已不在座中。他说自己脚疼，要到地下室处理一下。

然后，专诸手捧炙鱼出现在已然酒酣的吴王僚眼前。

一件凶器埋于鱼腹之中，隐隐待发。

在《史记·刺客列传》中，司马迁称这凶器为匕首，但在《吴越春秋》里，它的名字叫"鱼肠剑"。《淮南子·修务训》解释说："鱼肠，文理屈辟若鱼肠者，良剑也。"说它的纹理像鱼肠，因以得名。当然也有人说，之所以得名鱼肠，是因为它曾在鱼腹中待过，所以也称之为"鱼藏剑"。但不管怎样，既能藏之鱼腹，此剑应该不会太长，司马迁称之为匕首，自有其道理。

在另一本史实与演义交织的古书《越绝书》中，曾详细述及鱼肠剑之来历：那得天地精华的铸剑师欧冶子，以毕生精力和心血炼造出宝剑五口，曰湛卢、纯钧、磐郢、鱼肠、巨阙；后来，湛卢、磐郢、鱼肠三剑辗转到了吴国公子吴光手中。在善相剑者薛烛看来，这几把剑个性不一，但均可通灵，其中"鱼肠剑逆理不顺，不可服也"，否则"臣以杀君，子以杀父"。

这基本属于后人编排的故事，专诸当然不会知道。他只是把鱼捧至吴王僚眼前，然后擘鱼，取剑，行刺。

这一连串的动作尚未完成之际，卫士的长铍已经刺破了专诸的胸膛。但鱼肠剑执意向前，穿透吴王僚的三层铠甲，穿透胸膛。

吴王僚死了。

专诸也死了，长铍如雨，结束了这刺客的人生。

地下室的甲士汹涌而出，尽灭吴王僚之部众。

早早避开凶险的吴光走出地下室，摇身一变，成为吴王阖闾。

　　伍子胥为吴王阖闾所做的另一件大事，是举荐了"兵圣"孙武。《史记·孙子吴起列传》记载，阖闾要求孙武试练后宫美女，以观其才能。孙武三令五申，斩阖闾爱姬两名，把一百多名妇人训练得"前后跪起皆中规矩绳墨，无敢出声"。日后，正是在孙武的帮助下，吴军攻破楚郢都，使伍子胥大仇得报。

　　　　　　　专诸：刺客之道的开创者

九

专诸的出场与死亡，有如彗星一闪即逝，却留下熠熠光华。"鱼肠剑"的迷离故事，也就此成为中国历史上一段传奇。

鱼肠剑或许真有其器，或许不过是后人附会；专诸所用或许是一把名剑，或许不过一柄普通匕首。但这不妨碍后人把鱼肠剑和专诸联系在一起，以其诡异、寒冷、危险、锐不可当，赋予刺客专诸一种神秘色彩。千金换美酒的诗人李白或许最懂得专诸行为中可供审美的部分，在自己的诗中神往不已：

> 匣中盘剑装醋鱼，
> 闲在腰间未用渠。
> 且将换酒与君醉，
> 醉归托宿吴专诸。

他将腰间宝剑拿去换酒，寄望醉后得遇专诸。

专诸之美，在作家张承志先生看来，是一种异样的美。自受人所托，至剑出鱼肠，他始终被浓重的危险所笼罩，因此必须处处留意，事事小心，以免被人发觉。危险赋予专诸一种神秘感。最终，危险达至极端之时，也是危险消解之时，最可怕的凶器从最美味的鱼腹中跃出，通过神秘厨师专诸的手，完成致命一击。

张承志将专诸列为"刺客之道的开辟者"，称其在古代的东方树立了一种极端的英雄主义和浪漫主义。

极端也可以理解为纯粹，也唯纯粹才可导致浪漫的出现。在这件前因后果盘根错节的行刺事件中，吴光的欲望是得到权势，伍子胥的欲望则建立在吴光的欲望之上，他期盼得到权势的吴光能够发兵攻楚，为他报仇雪恨。

他们都有明确的目的，但专诸没有。

无论《史记·刺客列传》抑或《吴越春秋》，都未提及伍子胥对专诸的许诺以及专诸开出的条件。其中叙事较详的《吴越春秋》，说到伍子胥与专诸关系时，也是一笔带过："知其勇士，阴而结之，欲以为用。"

"结"，即结交、结盟。伍子胥以贵族之身结交布衣专诸，暗怀着利用的目的，而专诸却心怀感激，倾心以对。他付出生命的代价，只为帮助朋友完成复仇之愿，至于其中是非曲直，全都让位于"人的烈性、人在个人利害上的清洁无私"。

所以，我不喜欢《东周列国志》对专诸的描绘，因为它说专诸举家受公子光的恩养，获赠布帛粟肉无数；我也极度不喜欢京剧《鱼肠剑》，因为它把专诸描绘得如同趋炎附势的世俗小人……他们强硬地修改专诸，剥去其身上的异端气质，试图将其拖入君君臣臣父父子子三纲五常的怀抱之中。

十

与专诸直接相关的遗迹少之又少，我所见只有两处。

苏州古城西北角，有一条南北走向的"专诸巷"，短而窄，曲曲折折。清晨我走过那里时，居民们大多尚在睡梦中，巷子很安静，也很整洁。巷子西边，即是修葺一新的阊门，高高矗立在护城河边。当年伍子胥建阖闾大城时，曾别称此门为"破楚门"——阊门所对的西北方，正是春秋时楚国所在。伍子胥建城时，已是公元前514年，距其父兄身亡之日，已有八

　　阊门内，专诸巷宛转曲折，大约五百多米。《姑苏晚报》上的一篇文章说，专诸死后，吴王阖闾奉其为上卿，并厚葬于阊门内，所以有了这条以刺客名字命名的专诸巷。这个说法，不知源于何处。

年。但复仇还需时日，他还需等待。

另一处，便是无锡鸿山的专诸墓了。

墓碑看起来很新，四个篆字好像刚刚涂过黑漆。我没兴趣考证墓之真伪，因为这对专诸来说无关紧要。他能在这样一片清静之地被人纪念，已使我觉得欣慰。

甚至这落寞也是恰当的。既是异端，就当永远漂泊在主流之外，拒绝香客们烟火的熏染。

那天，我在山上盘桓许久，期望遇到一个本地的扫墓人，和他聊上几句。

整个下午，只有一对小情侣来过，逛公园般牵手伫立墓前。

他们或许认出了墓碑上的字，耳语片刻，转身离开。

将渡江于中流，要离力微，坐于上
风，因风势以矛钩其冠，顺风而刺庆忌。
庆忌顾而挥之，三捽其头于水中，乃加于
膝上："嘻嘻哉！天下之勇士也，乃敢加
兵刃于我！"

——《吴越春秋·阖闾内传》

要离

一个刺客的罪与罚

要离：
一个刺客的罪与罚

　　武梁祠的刺客画像上，身材壮硕的庆忌正在把矮小的要离按入水中。在其他几位刺客的画像中，观者很容易从中看出刺客的勇猛和无畏，但在这幅图中，要离的狼狈状态隐隐透出一种讽刺的意味。

黄鹄飞鸣未免饥，此身自笑欲何之。

闭门种菜英雄老，弹铗思鱼富贵迟。

生拟入山随李广，死当穿冢近要离。

一樽强醉南楼月，感慨长吟恐过悲。

宋孝宗淳熙三年（公元 1127 年），赋闲成都的著名诗人陆游在壮志未酬的感慨中，写下了这首《月下独醉》。诗中，陆游着意提到了两个人：李广和要离。

李广，西汉最著名的将领，人称"飞将军"，其威名曾令匈奴数年不敢来犯。一生志在建功立业的陆游视李广为人生楷模，当在世人意料之中，但如此推重名不见经传的要离，却着实令人意外。事实上，不止《月下独醉》，陆游提及要离的诗篇，至少有六七首，无一例外，几乎每一首都表达了身后葬于要离墓旁的强烈意愿：

生无鲍叔能知己，死有要离与卜邻。（《书叹》）

葬近要离非素意，富春滩畔有苔矶。（《遣怀》）

愿乞一棺地，葬近要离坟。（《言怀》）

未酬要离冢畔云，伶牛得食寄乡坋。（《纪怀》）

筑室真须待伯夷，起坟仍合近要离。（《感兴》）

要离有何魅力，令五十二岁的陆游魂牵梦绕、反复追怀咏叹，以致到了啰唆的地步？

无锡鸿山上，要离之墓与专诸之墓并排而立，一样大小，一样形状，

要离与专诸的刺客生涯，都发生在吴国，前后也相差仅仅一年。令人不解的是，既然要离与专诸在做刺客之前都已有了勇士的名声，照理应该听说过彼此，何以二人没有任何交集？物以类聚，人以群分，两个出身底层的人，在死后的若干年，终于被后人在同一地点立碑纪念，跨越时空聚居一处。

墓碑上字体颜色和新旧程度也几无差别。想来陆游大约是见过要离墓的，只是不知他所见的，是否就是鸿山这一座。

根据民间传说，要离葬于鸿山是有理由的，因为据说他就出生在鸿山之北，而鸿山东面有要潭河，有人说，那是要离做刺客前捕鱼、晒网的地方。落叶归根，要离死后自然要归葬乡里。

伫立鸿山顶上四处眺望，良田沃野，一碧万顷，间或矗立几根烟囱、几座厂房，并不见水流的影子。

当然，追究要离之墓的真伪既无必要亦属徒劳，我们只需知道，世间确曾有过一个名叫要离的人，他在专诸刺吴王僚之后的第二年，步专诸之后尘，完成了另一件同样凶险的刺杀任务。只是其极端与酷烈，却远超专诸。

要离：一个刺客的罪与罚

二

　　要离的成名，大约源于一件颇具传奇色彩的事情。

　　某一天，要离参加一个葬礼。座中有位勇士，乃齐国东海上人，名椒丘欣。他为齐君出使吴国，恰逢友人丧礼，便顺道赶来参加。满座吴国士大夫面前，椒丘欣傲气凌人，说书般讲起他来吴国途中的一件故事。

　　当椒丘欣一行到达淮河渡口时，人困马乏，便牵马至河边饮水。管理渡口的津吏见状，连忙过来阻拦："河中有水神，见马即取之，君切勿在此饮马！"椒丘欣回道："勇士的马，什么神敢来冒犯！"不料话音未落，果见水神跃出，夺马而去。椒丘欣大怒，脱去上衣，持剑入水，寻水神决战。

　　在东海人椒丘欣激情四溢的叙述中，这是一场极其惨烈的厮杀，他在河里与水神激战数日，方才破水而出。尽管椒丘欣最终没能击败水神，夺回马匹，并且被水神打瞎了一只眼，但他依然备觉骄傲。毕竟，有胆量与水神搏斗的凡人少之又少。

　　一时举座皆惊，而椒丘欣愈发傲慢，言谈间丝毫不将众人放在眼里。

　　此时，坐在椒丘欣对面的要离忽然冷冷说道："我听说，真正的勇士与太阳作战，表（古代测日影的标杆）不动即已获胜；与鬼神战，转足之间就击败对方；与人战，更是一语未毕便得胜果。即便生往死还，也断不受辱。可是您呢，与水神作战，不仅丢了马，失了驭夫，还瞎了一只眼睛！身受其残，却自诩为勇，真是侮辱'勇士'这个称号。你不敢以必死之心与水神拼命，贪生怕死之辈，有何脸面在我等面前炫耀！"

　　要离这番话，可谓刻薄，令椒丘欣在众人之前颜面尽失，一时怒火攻心。但他隐忍下来，决定待夜色深沉之时，前往要离家中报复。

　　要离回到家中，对妻子说道："今日我在富贵之家的丧礼上，当众折辱了东海勇士椒丘欣，他心中恨怒难平，夜晚必来取我性命。"

他似乎看到妻子一脸惊恐，便宽慰道："别担心，他奈何不了我。不要关闭家门，让他进来无妨。"

入夜，椒丘欣果然前来。他见院门洞开，屋门不闩，丝毫不加防备的要离正躺在卧室床上睡觉。椒丘欣二话不说，持剑抢上前去，一把揪住了要离的头发："你有三死之过，可否知道？"

要离淡然答曰："不知道。"

椒丘欣说道："在众人面前侮辱我，此一当死；夜不闭门，此二当死；睡觉不加防备，此三当死。你有此三死之过，就不要怨恨我了。"

要离说："我并没有三死之过，倒是你椒丘欣却有三不肖之愧，你可知道？"

椒丘欣回答："不知道。"

吴王阖闾登上王位不久，就展开了与楚国的战争。几年间，在伍子胥和孙武等人的谋划下，吴军节节胜利，楚军疲于奔命。但是由于时机尚未成熟，攻入楚国郢都的计划一直未能实现。公元前510年，吴国开始攻打越国，江南的战局遂更加混乱。

　　　　　　　要离：一个刺客的罪与罚

要离说道："我辱你于大庭广众之下，你不敢当面报复，此一不肖；你夜闯我家，入门不咳，登堂无声，此二不肖；你一手持剑，一手揪住我的头发，才敢大声说话，此三不肖。有此三种无能表现，你还在我面前逞威风，不觉心中有愧吗？"

椒丘欣听完，掷剑于地，一声叹息："以我椒丘欣之勇，从来无人敢轻视我，但你要离之勇远在我之上，你才是真正的勇士啊！"

此后，椒丘欣不知所踪，但要离却从此闻名。

这个传奇故事完整地记录在《吴越春秋·阖闾内传》中，并且借助伍子胥之口，转述给了吴王阖闾。当然，伍子胥不是在说书打发时间，他是在向吴王阖闾推荐人才。正如当年他举荐了专诸一样，如今他把要离推到吴王阖闾面前，目的几乎如出一辙：让要离为吴王阖闾去杀人。

杀谁？庆忌，已故吴王僚之子。

三

吴光摇身变为吴王阖闾，并没有陷入获取权势的狂喜之中。

他篡位之后，被围困在楚国的盖余和烛庸随即投降楚国；而在吴国内部，各种传言如暗流般在民间涌动，令阖闾心中不安。

他想了很多办法，比如施行仁义，取信国人；任伍子胥为行人（负责接待国宾的外交大臣），共谋国政；勘察风水，建阖闾大城……

宏伟的新都城建好之后，阖闾先是派伍子胥去征讨盖余、烛庸，既而又耗费重金请干将为其铸造宝剑。如今苏州虎丘的试剑石，据说就是阖闾试剑之处：当日阖闾手起剑落，将那石一劈为二。我原以为试剑石极其宏伟，去看时，却发现不过一块一米见方的石头，躺卧在路边，那裂隙也分明是自然之功。

仁义既施，诸侯也纷纷与之建交，吴王阖闾依然食不甘味，卧不安席，因为吴王僚之子庆忌依然活着，他逃亡邻国，不知何时就会纠合诸侯，返国复仇。

庆忌是一个真正的勇士，《吴越春秋》通过阖闾之口详细描绘了庆忌的英勇："庆忌之勇，举世闻名。他筋骨刚劲，虽万人而莫当。他若跑起来，可以追上飞奔的野兽，捉住飞翔的鸟儿，而且耐性极强，狂奔数百里也不觉疲劳。我曾经在江边追击他，但是四匹马所拉的马车都被他远远甩在后面；令士兵拉弓射之，箭矢又被他伸手抓住……"

不仅如此，"庆忌还是一个非常聪明的人，他虽逃亡在外，却颇有气节，绝不向各国的王公贵族们奴颜婢膝"。

这是一个被阖闾因恐惧而夸张和渲染了的人物，他不再是一个活生生的人，而是一个怪物，在阖闾无法预知的某处，蠢蠢欲动。

事实上，根据《左传》的记载，吴公子庆忌的事迹发生在鲁哀公二十年，即公元前475年，那时吴王阖闾已经去世二十多年，吴国王座上坐着的是阖闾的儿子吴王夫差。《左传》说，这一年，庆忌向吴王夫差进谏，劝其改变政令，否则有亡国之虞。但夫差不仅不听，还将庆忌放逐到了艾城（约在今江西，春秋时属吴）。后来庆忌得知越国将要伐吴，请求返国平越。回国后，庆忌大刀阔斧，打算除掉国内不忠于吴国的人，并谋求与越国讲和，但最终被吴人所杀。

很显然，这个庆忌不是阖闾口中那位不可一世的勇士。对此，杨伯峻先生解释说，庆忌为吴王僚之子无疑，但吴国可能曾经有过两个庆忌，或者是同一个庆忌，在战国以后被传说弄乱了。

我比较赞同杨先生后一种说法，即春秋时期的吴国只有一个庆忌，只不过在民间的口耳相传中被编排于不同的历史时段内。阖闾所说的庆忌，虽近虚幻，但并非没有可信之处。比如，在父王被刺客所杀之后，庆忌必

　　躺卧在苏州虎丘景区的"试剑石"。民间传说，吴王阖闾从铸剑者干将手中得到宝剑后，挥剑试石，将巨石一劈为二。实际上，石头上的裂缝不过是自然形成。在《吴越春秋》中，干将献给吴王阖闾的这把宝剑名为"莫邪"。干将所铸宝剑本有一雄一雌两把，但他藏起雄剑，只献出了雌剑。

　　规模并不很大的剑池，是虎丘景区的标志性景点，据说它是吴王阖闾的墓葬所在。但迄今为止，并没有任何证据能够证明这一点。"虎丘剑池"四字原为唐代大书法家颜真卿所书，但岁久剥蚀，且"虎"字中断，于是在明代万历间重刻了"虎丘"二字，也因此有了所谓"真剑池，假虎丘"之说。吴王阖闾在位十九年。公元前496年，吴攻越，在檇李之战中大败，吴王阖闾伤指而卒，太子夫差嗣位。

　　　　　　　要离：一个刺客的罪与罚

然不会坐以待毙，他逃亡邻国完全在情理之中。

阖闾提心吊胆，又找伍子胥商量对策。

"去年专诸之事，你居功至伟，我感激不尽。可如今公子庆忌逃亡在外，始终是个威胁。请你再帮我想想对策。"

伍子胥面露难色："此前我与大王在密室之中图谋吴王僚，已属不忠无德，如今又要谋害其子，恐怕有违上天之意吧。"

阖闾道："当年武王伐纣之后，周又杀纣王之子武庚，周人并无怨色。如今我们所做计议，也是这个道理，怎么能说违背天意呢？"

阖闾以为，要想说服伍子胥，恐怕要费一番口舌，所以用尽心机，将自己比作周武王姬发。阖闾没料到，伍子胥的推脱不过是做个样子，因为他还寄望阖闾出兵伐楚，为自己报血海深仇，怎么可能不听阖闾号令呢？

"我既待奉大王，自然要为吴国尽心尽力。可以刺杀庆忌之人，我已经找到了。他名叫要离，是一个身材矮小的人。"

伍子胥见阖闾一脸狐疑，遂将要离折辱东海勇士椒丘欣一事详加陈述。

阖闾听毕，心中石头落地："你把要离带来见我吧。"

四

尽管事先有心理准备，但是当要离终于出现在面前时，吴王阖闾在一瞬间还是被浓重的失望所笼罩。

这是个怎样的人呢？不仅身材极其矮小，而且瘦弱不堪，仿佛一阵风就能把他吹走。

"你是做什么的？"阖闾似乎有些心不在焉。

要离答道："我是国都东面千里之外的人，虽然瘦小无力，但只要大王有命，我一定竭力而为。"

根据《吴越春秋》的记载，吴王阖闾在此时忽然陷入长久的沉默，因为他觉得伍子胥推荐的这个人很可能是个错误。而在《吕氏春秋·忠廉》篇里，失望的阖闾甚至直接表现出了对要离的轻蔑："你拔剑则不能举臂，上车则不能登轼，有什么把握能刺杀勇猛无敌的庆忌呢？"

但要离并没有被这尴尬的气氛所影响，他只是告诉阖闾："我可以杀掉庆忌。"

阖闾于是将庆忌的勇猛行为详细讲述一遍，然后简洁地对要离说："你不是他的对手。"他以为，要离会被吓住，知趣地离开。

那身材矮小的人却不为所动，将刚才说过的话又重复了一遍："我可以杀掉庆忌。"

一丝惊讶从阖闾眼中闪过，他仔细看了看要离："那么，说说你的策略吧。"

要离说："我听说，'沉溺于妻子儿女之乐，而不能尽心侍奉君王，是为不忠；贪恋妻室女色，而不能为君王除祸去患，是为不义'。我要离不愿做这样的人。我将假装负罪逃出吴国，而请大王您杀掉我的妻子儿女，在国都的街市上焚烧她们的尸体，播撒她们的骨灰；然后以千金和百里之邑做赏赐，四处通缉我。如此，当我前往投奔公子庆忌时，才能博取其信任，然后伺机行刺。"

我们无从知道，这个骇人听闻的策略是否让阖闾感到些许不安，但他点头允诺了。或许在贵为君王的阖闾看来，这些市井小民的生命本就无足轻重，如今能够为他献身，可算得无上荣幸了。

但是要离该怎么面对他的妻子儿女呢？直言相告，还是隐瞒不说？若直言相告，他又该如何解释？

这是一个巨大的问题，因为它突破了人的底线——纵然我们赞叹先秦那悍不畏死、视死如归的精神，但那只能止于赴死者自身，我们绝不会容

　　　　　　　要离：一个刺客的罪与罚

在苏州历史上发生过的无数事件中，刺客要离导演的这出"苦肉计"虽然算不得大事，但争议却不小。只是唐宋以后，苏州文化鼎盛，人们早已忘记这土地上曾上演过如此惨烈的悲剧。图为苏州盘门。

忍替别人安排生死的行为，不管那些被牺牲者是亲人还是敌人。

可是那极悲惨、极酷烈、极残忍的一幕如期上演了，和要离设想的一模一样："吴王乃取其妻子，焚弃于市。"

要离就像一个导演，冷静地置身于历史情境之外，毫不在意剧中人的生生死死。

很多年以后，历史演义小说《东周列国志》述及此事，依然愤恨不已：

> 宋儒论此事，以为杀一不辜而得天下，仁人不肯为之。今乃无辜戮人妻子，以求售其诈谋，阖闾之残忍极矣！而要离与王无生平之

恩，特以贪勇侠之名，残身害家，亦岂得为良士哉？有诗云：

只求成事报吾君，妻子无辜枉杀身。

莫向他邦夸勇烈，忍心害理是吴人。

宋儒将要离之过归于贪图名誉，《东周列国志》也说"要离贪名刺庆忌"。

名誉，在先秦自然是极被看重的，人们不惜为此慷慨赴死，这与今日沽名钓誉之徒的种种行径不可同日而语。但问题在于，要离突破了人性的底线，在古人看来，已经有悖于天理。

不知太史公司马迁是否也持此看法，认为要离行径不合刺客之道，所以将其排除在《刺客列传》之外？

但要离此后所为，的确是刺客的事业。他假装逃出吴国，以受害者的名义奔走于诸侯之间，每到一处，即控诉吴王阖闾的罪行。如此马不停蹄，终于在卫国找到了公子庆忌。

春秋时的卫国，在今河南省北部濮阳一带，距吴国可谓遥远。当形容凄惨的要离出现在庆忌面前时，后者或许早已听说了他的经历。于是当要离表达了投靠的意愿，并提出助庆忌返国讨伐阖闾之时，庆忌丝毫不加怀疑。

那时庆忌正忙于练兵。这些兵士，可能是他逃亡时带来的，也可能是同情他的诸侯赠送的。三个月之后，庆忌与要离一起，启程往赴吴国。

　　濮阳春秋古城遗址。《汉书·地理志》记载："濮阳本颛顼之墟，故谓之帝丘。"公元前629年，狄人攻卫，卫人抵挡不住，遂将都城迁至帝丘。卫国是周王朝的同姓诸侯国之一，春秋初期尚算强大，但日后逐渐衰微。公元前514年，当刺客要离终于在卫国找到公子庆忌时，卫国的君主正是著名的昏君卫灵公。

五

当刺杀发生之时，庆忌正坐在一条船上。

按照《吴越春秋》的记载，这条船正在"渡江"。哪条江？一般认为是长江。也有人提出是流经今江苏邳州附近的古泗水，但没有确凿证据。

船至中流，江风飒飒。坐在上风的要离忽然挺起长矛，借风势直刺庆忌。庆忌猝不及防，立时身受重伤，但他依然回身抓住要离，按其头于江水中。按入，提出，如此反复三次之后，庆忌将要离摁在膝盖上，大笑一声："哈哈，果然是天下的勇士啊，竟敢向我行刺！"

左右欲杀要离，被庆忌制止："一日之内，怎可杀掉两位勇士？放他回吴国吧，以成全其忠义之名！"

于是刺客要离得以活着继续前行，而庆忌却成为逝者。

但庆忌之死，是勇士之死，他提升了这个故事的层次，使之从一个单纯的政治谋杀升华为一场悲剧——诚如亚里士多德所说，悲剧激起我们的恐惧与怜悯，更使我们的情感从中得以净化。

两千五百多年过去，翻诵《吴越春秋》，我依然能在纸页间听到庆忌豪迈的笑声。

六

如果故事到此结束，要离或将被钉在历史的耻辱柱上。他可能是一个

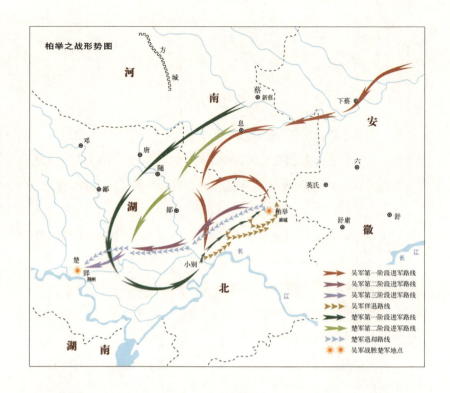

图例：
- 吴军第一阶段进军路线
- 吴军第二阶段进军路线
- 吴军第三阶段进军路线
- 吴军伴退路线
- 楚军第一阶段进军路线
- 楚军第二阶段进军路线
- 楚军退却路线
- 吴军战胜楚军地点

　　公元前 506 年，吴军以少胜多，在柏举之战大败楚军。随后吴军攻入楚国郢都，屠城，伍子胥掘墓鞭尸。这场大战，使得楚国元气大伤，孙武居功至伟。伍子胥大仇得报，但他是否掘墓鞭尸，各种典籍记载不一，所以争议颇多。（地图绘制 / 孙园园）

不辱使命的刺客，却不能成为受人景仰的英雄。

　　庆忌的高尚击溃了要离，他被沉重的羞耻感所缠绕，眼前一片昏暗。

　　当庆忌的随从表示要放他走时，要离却满面忧伤，不肯离开。他已经感觉不到前行的意义。

　　随从们问他："您为何不走了？"

　　要离说："杀害妻子儿女以侍奉君王，是为不仁；为新君而谋害旧君之子，是为不义。君子当重死轻生，而不能以不义为贵。如今我贪生怕死，弃德行于不顾，就更是不义了。有此三大恶行却苟活世上，我还有何面目见天下之士？"言毕，纵身投江，但被随从救了上来。

要离问道："我难道可以不死吗？"

随从说："您应该活下去，等候吴王赏赐的爵位和俸禄。"

这句话，怎么听都像是嘲讽。

要离不再多说，挥剑自断手足，然后伏剑自刎。

这个故事的另一个版本记录在《吕氏春秋·忠廉》篇：要离没有死于江上，他回到吴国，面见吴王阖闾。阖闾大悦，"请以分国"。要离拒绝了："我现在只求一死。"阖闾力阻，要离道："杀妻子儿女，焚扬其灰，臣以为不仁；为故主（指阖闾）杀新主（指庆忌），臣以为不义；庆忌在江上抓住我，按于水中，三入三出，最终饶我不死，臣已为其所辱。不仁不义，且又受辱，不可不死。"阖闾无法阻止，要离遂死。

《吕氏春秋》如此赞扬要离：

要离可谓不为赏动矣。故临大利而不易其义，可谓廉矣。廉故不以富贵忘其辱。

它说，要离是有廉耻之心的，所以不会见利忘义，在富贵面前忘掉耻辱。

正是羞耻之心，使要离选择以死亡来承担后果，在人格上完成了对自己的救赎。从这个意义上来说，要离是一个英雄。

而他也的确是作为一个英雄被后人纪念的。宋人陈人杰即在词中对要离盛赞不已："一丘封了要离，问世上男儿还有谁？"

或许，大诗人陆游也正是在这一角度，把要离视作偶像，愿葬身于要离墓旁。

七

　　伍子胥之死令人扼腕。就像他的父亲伍奢一样，伍子胥在吴国也遭到了小人的诬陷，而昏昧的吴王夫差也如楚平王芈弃疾一样，听不进伍子胥的任何辩解之词。公元前 484 年，吴王夫差令伍子胥自刭。《史记·伍子胥列传》记载，临死之前，伍子胥"乃告其舍人曰：'必树吾墓上以梓，令可以为器；而抉吾眼悬吴东门之上，以观越寇之入灭吴也！'"吴王闻之大怒，将伍子胥的尸体装入皮囊，浮之江中。"吴人怜之，为立祠于江上，因命曰胥山。"

伍子胥在接连举荐两个刺客之后，又度过了漫长的八年时光，终于赢得了丰厚的回报。公元前506年，吴军攻入楚国郢都，伍子胥掘楚平王芈弃疾之墓，怒鞭其尸三百下，以这种极其惨烈的方式，解了心头之恨。

　　但他在吴国并未得以善终。公元前484年，吴王夫差诬杀伍子胥。一段慷慨激昂的历史遂告结束。

　　　　　　　要离：一个刺客的罪与罚

鉏麑

杀与不杀的两难抉择

麑退，叹而言曰："不忘恭敬，民之主也。贼民之主，不忠；弃君之命，不信。有一于此，不如死也。"触槐而死。

——《左传·宣公二年》

鉏麑：
杀与不杀的两难抉择

　　山西省襄汾县东汾阳村，据说就是赵盾故里，村口立着一块"赵盾故里碑"。碑对面，是新建的一个小型文化广场，其实就是一个院落。院墙上，围绕东汾阳的历史和赵盾故事绘制了几十幅画。院落一角，"晋大夫赵宣子墓表"安静躺卧，落满灰尘。此墓表为清代所刻，原本竖立于赵盾墓前，不知何时移到了这里。

一

公元前 607 年的某一天，天色尚暗，太阳还在睡眠中，一个健壮而矫捷的身影出现在了一座府第门前。

这刺客的最后一天在惊讶中开始：从大门到寝门，直至大堂，门皆洞开，无人看守。迟疑片刻，他悄悄进去了，也无人阻拦。他透过窗户向大堂内窥视，只见一个朝服朝冠的官员正端坐于灯下。

显然，那人要去上朝，但起床太早了，就坐下来闭目小睡，等候天亮。

这官员就是这座府第的主人，名叫赵盾，即后世所称的赵宣子，时任晋国执政，权倾朝野。赵盾出身高贵，他的父亲是晋国大名鼎鼎的赵衰。赵衰曾经跟随春秋五霸之一的晋文公姬重耳流浪列国十九年，后来又帮助重耳登上君位，使晋国成为春秋一霸；不仅如此，赵衰还和重耳同时娶了狄国的一对姐妹……若按辈分算，重耳还是赵盾的姨父。

但在公元前 607 年时，一代霸主重耳已经去世二十一年，赵衰也已作古十五年。如今坐在晋国宝座上的是晋灵公姬夷皋，他在公元前 620 年即位，当时不过是一个吃奶的娃娃。十几年过去了，这顽童现在已逐渐长大成人——但不是一个好人，《左传》说他"不君"，跟"无道"的意思差不多。

无道之君姬夷皋在这天凌晨派出了一名刺客，去刺杀自己的臣子赵盾。但在赵盾窗前，刺客却陷入了前所未有的矛盾之中。他没有想到，赵盾是一个为了国事如此勤勉的人。杀，还是不杀？一时难以抉择。

这刺客叫鉏麑（音除尼），一个很怪的名字，不好写，也不好读。很多年以后，他渐渐被人淡忘，即便在十分崇尚刺客精神的汉代，也未能获得如曹沫、专诸、要离以及其他先秦刺客那般显赫的名声，司马迁也未将其列入《史记·刺客列传》，仿佛他无足轻重。关于鉏麑的事迹，只在《左传·宣公二年》中有过几十字的稀疏记载，但在这几十个字背后，却隐现

　　晋文公重耳开创了晋国长达一个世纪的霸业，期间虽然波折不断，但总体来说，晋国的霸主地位始终不曾失落。也正是在晋国称霸期间，晋国异姓卿族的实力日渐提升，已经严重威胁到公室的权威。

　　　　　　　　钽虿：杀与不杀的两难抉择

着春秋中期一个大国的风云变换。

杀，还是不杀？无论对鉏麑还是晋国来说，都是一个极为重大的问题。

二

姬夷皋为何要杀赵盾？

按照《左传·宣公二年》的记载，原因似乎非常简单：姬夷皋对赵盾很讨厌。为何讨厌？因为赵盾总是阻止他做自己想做的事。

这年幼登位的少年国君生性顽劣，他最想做的就是享乐玩闹。他喜欢华屋美舍，于是收取重税，把自己的宫殿装饰得雕梁画栋、富丽堂皇；他喜欢玩弹弓，就经常在高台上乐此不疲地射人，看那些人惊慌失措四处躲避……处君位却不干正事，所以《左传》斥其"不君"。

荒淫玩闹之外，姬夷皋还动辄杀人。有一次，他的厨子为他煮熊掌，没煮熟，就被他杀了。杀了还不算完，他又让人把尸体装到大簸箕里面，命几个妇人抬着，堂而皇之穿过朝堂，似乎有意示威。不巧，此时赵盾和随会正好从宫里出来，看见簸箕里露出一只手，不由大惊，走近一看，居然是死尸。

赵盾见状欲入宫进谏，被随会拦下："你是正卿，若你的进谏他都不听，还有谁能再去进谏呢？还是我去吧。"

面对随会苦口婆心的进谏，姬夷皋表现得很诚恳："我错了，我一定改。"当然，他只是随口一说，而且目标听众也并非随会，而是赵盾。他知道，赵盾正在外面等着，若不如此表示，恐怕赵盾也会进来进谏，那样场面会很难堪。

随会一走，姬夷皋就把自己刚说过的话忘了。一切照旧，该玩的继续玩，该闹的继续闹，想杀的大约也不会心慈手软。他的宠臣，有一个名叫屠岸贾的，整天和他厮混在一起，让他很开心。

赵盾忧心忡忡，又屡次进谏，言辞愈发恳切、激烈，终于令姬夷皋难以忍受，决定杀了赵盾。

姬夷皋自然是讨厌赵盾的，但如果仅仅因为这个原因就要杀赵盾，似乎说不过去。我觉得，其中还有深层原因——他怕赵盾。当时赵盾权势显赫，时人将他比作"夏日之日"，以示其"可畏"。

公元前621年，姬夷皋的父亲晋襄公姬欢死了，照理，应该由其长子——太子姬夷皋继位。但那时姬夷皋还是个襁褓中的幼儿，而晋国又颇有外患，与秦、楚等国屡屡交兵。赵盾觉得，如果让一个小娃娃坐上君位，对晋国的局势无益，所以打算废掉太子，另立公子姬雍，即晋文公姬重耳之子、晋襄公姬欢的弟弟。当时，姬雍身在秦国，为亚卿——按周制，卿分上中下三级，亚卿即中卿。

废太子之事定下后，赵盾即遣人赴秦，迎接公子姬雍返晋。

这件事表明，身为国政的赵盾势力之大，已经可以左右废立之事。当然，赵盾之所以这么做，也有其道理：公子姬雍年长，素有仁爱之名，而且他还曾仕于秦国，若立其为君，日后一旦晋国有难，秦国定会出手援助。

但姬夷皋的母亲穆嬴不干了，她每天都抱着姬夷皋到朝堂上去，当着群臣的面，声泪俱下地数落赵盾："先君何罪？他的儿子又有何罪？你赵盾废太子而外求君，将置此子于何地？"

散朝后，她又直奔赵府，抱着孩子给赵盾叩头："先君曾把此子托付给你，请你悉心教导。他说：'若此子成材，是拜你所赐；若不成材，我会怨恨你。'如今，先君刚去，言犹在耳，你却抛弃了此子，是何原因？"

须知，按照周礼，妇人在服丧期间向外人叩头为"非礼"之举，穆嬴不顾礼法，向赵盾叩头，一则是有求于赵盾，再则是心中绝望，有点儿豁出去的意思。

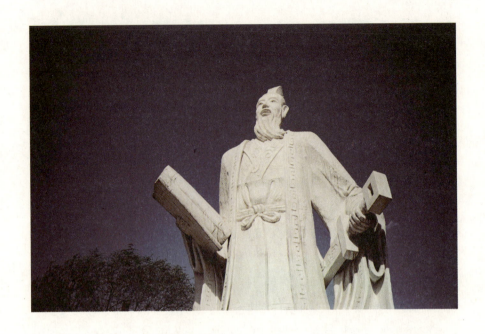

　　东汾阳村的文化广场上，赵盾被塑造成了一位文武兼备的全能型人才——左手执剑，右手握书，表明他武能领兵打仗，文可安民治国。拍照时正值午后，阳光热烈，不由想起当时人们对赵盾的评价："夏日之日。"可见其张扬与骄纵。而赵盾之父赵衰却被称作"冬日之日"，以示其温暖和蔼。赵盾被晋灵公视为眼中钉，与其为人处世的方式大有关系。

　　穆嬴如此一闹，赵盾怕了，毕竟，他和诸大夫们所做的并非什么光明正大的事，而且穆嬴身后也有支持她的势力，一旦把他们逼急了，恐怕会惹来杀身之祸。思来想去，赵盾决定，违背此前与秦国所定盟约，立太子姬夷皋为君，同时发兵拒秦，阻止公子姬雍入境。

　　公元前 620 年，秦晋双方在令狐（在今山西临猗县）展开激战，秦军大败。赵盾原本想与秦国重修旧好，不料好没修成，还引来秦国更深的怨恨。

　　姬夷皋最终登上了君位，在国政赵盾的辅佐下，开始了他的国君生涯。等到他长成一个少年，开始懂事之后，他的母亲穆嬴一定会向他讲述公元前621年的那段往事，告诉他，他是如何差点被废，又是如何费尽周折登上君位的……

这顽劣的少年想必明白，自己的君位并不稳固，以赵盾的势力，随时都有可能再行废立之事。他对赵盾的恐惧，难以涤除，除非赵盾死了。

于是，公元前607年的这次刺杀就容易理解了：这是晋国内部的一次政治斗争，姬夷皋打算除掉赵盾，让自己在君位上坐得稳一些。但他不敢明目张胆杀赵盾，只能采取刺杀的手段。

刺客鉏麑就是在此时出场的。

三

鉏麑其人，身份十分模糊，除了刺杀赵盾，史书对其再无任何记载。我们只能约略知道，他是一个勇士，社会地位也并不高。历史演义小说《东周列国志》把他想象成一个贫苦人，应该也没什么错。

《东周列国志》还借晋国大夫屠岸贾之口说，因为鉏麑家贫，常受屠岸贾接济，所以感恩在心，愿效死力。当姬夷皋有意除掉赵盾时，屠岸贾适时推荐了鉏麑。当夜，屠岸贾密召鉏麑，赐以酒食，告诉他："赵盾专权欺主，今奉晋侯之命，使汝往刺。汝可伏于赵相国（指赵盾）之门，俟其五鼓赴朝刺杀，不可误事。"这一点虽然缺乏历史凭证，但也符合逻辑。因为姬夷皋一介少年，又生性顽劣，恐怕没有这等心机，而屠岸贾为其宠臣，做这些事很符合其身份。

根据《左传·宣公二年》的记载，那一夜，鉏麑领命前往赵府行刺，

　　　　　　　鉏麑：杀与不杀的两难抉择

　　山西省绛县磨里镇南刘家村旁的山顶上，有一个巨大的土冢，据说是晋灵公之墓。墓顶上布满荒草和一些深浅不一的洞。带我上去的少年叮嘱我说，仔细看着点，否则可能会陷进去。那些洞是盗墓者挖的。墓前原本有一块碑，现在已经看不见了，不知被挖出来的土埋在什么地方。从墓顶上向南方眺望，莽莽苍苍的山峦起伏，那是中条山。

　　　　　　　　　鉏麑：杀与不杀的两难抉择

却在赵府大堂的窗前陷入两难之境。杀与不杀之间，鉏麑一时拿不定主意。正是这一犹豫，使人感到了鉏麑绝非徒逞勇力、不分青红皂白之徒。

良久，他一声叹息："为国事如此勤勉，实乃民之主也。杀民之主，有罪；违背君主之命，同样有罪。既然两者必有其一，我还不如一死。"说完，鉏麑一头撞向庭院中的槐树，死了。

按理说，鉏麑的叹息是自言自语，赵盾应该听不到，他能听到的，顶多是鉏麑撞树的声音。等到赵盾来到庭院中，恐怕鉏麑已死去多时，鉏麑内心的矛盾，赵盾何由知之？赵盾尚且不知，史官又从哪里得知？

这令人迷惑之处，从《左传》自身找不出答案。为了解决这个问题，《东周列国志》让鉏麑在撞树之前，向着赵盾的住所高呼了一段话："我，鉏麑也，宁违君命，不忍杀忠臣，我今自杀！恐有后来者，相国谨防之！"说完触槐而死。

《东周列国志》的处理，比较符合情理，可惜小说家言，还是缺乏证据。

我以为，鉏麑行刺之事，大约是由赵盾或其族人转述给晋国史官的，基本情节应该没有大问题，但细节上很可能对赵盾进行了美化。应该说，赵盾虽有专权之嫌，但他的出发点显然是为晋国考虑：打算废姬夷皋时如此，后来力谏姬夷皋不要耽于玩乐、要勤于政事时，更是如此。这也是后来孔子称赵盾为"古之良大夫"的原因。

不过，有一点是可以肯定的：鉏麑的确曾作为一个刺客前往行刺赵盾，然后又在赵盾庭院中自杀身亡；他自言自语的叹息，虽然无法求证，但其内心的矛盾是可信的。《左传》、《国语》和《史记·晋世家》都曾记载此事，可见必有根据。

四

　　鉏麑与本书前面提及的两位刺客——专诸和要离，颇有相似之处：他们都是作为底层小民，被卷入政治斗争的漩涡之中，通过一个知遇之人，受一方权贵的指示，去刺杀另一方，最终无一生还。

　　但三人之间的不同之处更为明显。

　　吴人专诸在伍子胥推荐下，受公子吴光指使，以鱼肠剑行刺吴王僚之时，他相信自己所行的是一番正义的事业。或许他一开始并不清楚是否正义，所以曾与吴光有过一番辩论，结果被吴光说服了。所以，专诸在行刺时没有任何心理负担，他心怀坦荡地杀了吴王僚，无怨无悔地赴死。

　　要离则不然，他在行刺之前，对行刺的目标公子庆忌并无认识，他只是去完成一个任务。正像后世人批评的那样，要离贪图名誉，为名誉而不惜毫无人道地牺牲家人。从这一点来说，要离更接近一个冷血的杀手。但在完成刺杀之后，庆忌临死前的豪迈和大义使要离产生了深深的羞耻感。最终，他以一死终结了这种羞耻，完成了对自己的惩罚和救赎。

　　至于鉏麑，他在行刺之前，虽然也对行刺目标不甚了解，但在即将动手时，却被对方所感动，毅然放弃刺杀，并以结束自己生命的方式表达了自己的立场。

　　因此，无论专诸、要离还是鉏麑，都绝非像有些人说的那样，是毫无理性、是非不分的单纯的杀手。事前或事后，他们对自己的行为都有独立的判断和认识，并且坦然承担了责任。当然，从某种角度说，他们是政治斗争的牺牲品，但他们的精神和勇气却不容抹杀。

　　可惜，关于鉏麑的记载太少，总共不超过几十个字，这使我们无法像感受专诸、要离一样，感受到鉏麑的个性和内心世界。

　　襄汾县西汾阳村边的麦田里，有一个小小的土包，据说就是赵盾的墓。墓虽小，墓前砖砌的建筑倒是很大，顶部写着四个大字："孔子贤之"，这是借孔子表扬赵盾——孔子曾说过，赵盾乃"古之良大夫"。

五

钼䴢不杀赵盾，以死成就了自己的高义。赵盾得以活下去，则使晋国的历史发生了巨大的转折。

此后晋国的历史在不间断的杀戮和斗争中前进，白白地消耗着国力。

钼䴢死后，晋灵公姬夷皋继续想方设法刺杀赵盾，但被赵盾一一躲过。公元前607年，赵盾出逃，未及出境，其族弟赵穿就袭杀姬夷皋于桃园，然后派兵将赵盾接了回来。赵盾复位，派赵穿迎立晋襄公姬欢之弟姬黑臀，是为晋成公。

事后，晋国史官董狐书曰"赵盾弑其君"，并展示于朝堂之上。赵盾不满，回击董狐："弑君者是赵穿，我无罪。"董狐答道："子为正卿，逃亡而不出境，返国而不诛暴乱，弑君者不是你是谁？"

孔子读史至此，连连叹气："董狐是良史啊，不隐匿赵盾之罪。赵盾也是良大夫啊，真可惜，他要是再走几步，出了国境就好了。"古人认为，逃亡之臣一出国境，则君臣之义断绝，自然也就没了讨伐弑君者的义务。

赵盾此后又专恃国政数年，并成功地在晋国实行了一项重大改革：设置公族。春秋时代，公族指的是各诸侯国国君以外的同姓近亲——国君的儿子中，除太子外，皆称公子，公子及其后人都是公族。和其他诸侯国一样，晋国初期也曾拥有强大的公族，但晋献公姬诡诸时，为防止强大的公族夺取政权，大肆屠杀公族，致使公族势力殆尽。但此番赵盾要重设的公族，却和此前的公族不同——不再仅限于晋国的公子公孙们，还包括赵氏这样的异姓卿族。这件事的巨大影响力，将在此后的岁月中逐渐显现。

赵盾在公元前601年去世。此后，公元前583年，赵氏遭遇大难，在一场著名的阴谋中，赵氏一族几乎尽被屠灭，只有赵盾的孙子赵武，得以幸免。

山西省忻州市西，有一座公孙杵臼墓，墓前有明代所立石碑一通。《史记》记载：公孙杵臼与程婴等人一起，冒着死亡的危险，为赵氏留下了赵武这根苗，使赵氏血脉不断，两人也因此被后人誉为"义士"，他们的墓，在山西省各有好几处。"赵氏孤儿"的故事在中国家喻户晓，但很可能并非史实。

通过前后数十年的不懈努力，晋国公室终于将权倾朝野的赵氏一族打垮，但侥幸存活的"赵氏孤儿"赵武，却将赵氏血脉延续下去，并在几十年后重新登上晋国政坛，恢复了赵氏的势力。而晋国的历史，正逐渐滑入"六卿专权"和"三家分晋"的可悲情节之中。

于是襄子义之，乃使使者持衣与豫
让。豫让拔剑三跃，呼天击之曰："而可
以报智伯矣！"遂伏剑而死。死之日，赵
国之士闻之，皆为涕泣。

——《战国策·赵策》

豫让

当复仇成为一种仪式

豫让：
当复仇成为一种仪式

　　豫让刺杀赵襄子的情景，在武梁祠画像中被并置"剪辑"在一起：马受惊的画面和豫让击刺赵襄子衣服的画面同时出现。而实际上马受惊在前，豫让刺衣在后，中间还有许多情节：豫让在桥下被发现，卫士活捉豫让等。

一

为了一棵树，我接连到赤桥村去了两次。

第一次，刚进入村子，大雨就从天而落，只能隔着车窗，远远看一眼那巨大的树冠。隔天再去，天已放晴，但却炎热无比，一层薄雾笼罩在村庄上空，更增添了闷热的感觉。

这是山西省会太原西南郊的一个寻常村落。它的南面不足一公里处，是号称"晋中第一名胜"的晋祠；西面群山连绵，形如卧虎，故曰"卧虎山"；东面和北面则是一片葱翠的沃野，长满高可及腰的玉米。村庄里很安静，大约年轻人都出去打工了，只有老人和孩子们在街巷中闲坐或玩耍。偶或有一只狗穿过，也是一副懒散的模样。

那棵树位于村庄中央，高大、粗壮，不知年岁。树下乘凉的老人们说，似乎从记事起，它就是这样子了。那是一棵槐树。槐树生长缓慢，寿命极长，民谚有"千年松，万年柏，顶不上槐树歇一歇"之说。所以，太原本地报纸称这棵槐树已经活了两千多岁，也并非没有可能。

若它果真活了两千多年，或许曾经目睹过东周时代的一些飘渺往事。公元前444年的某一天，一个名叫豫让的人曾躲在树旁的桥下，静候另一个人的到来，这个人名叫赵无恤，即后世所称的"赵襄子"。豫让的等候，不是会友谈天，他身怀利刃，心藏杀机，意欲击杀赵无恤，为自己死去的主人复仇。

那满脸皱纹的古槐想必记得，豫让的刺杀最终未能完成，赵无恤的卫队包围了这面貌狰狞的刺客……最后，豫让死了。

很多年过去，无论豫让还是赵无恤，抑或此后形形色色的诸般人物，都已化作尘埃，但这普通的石桥却得以长存，并被人称作"豫让桥"。本地人说，一直到20世纪50年代，这座桥才因水利改造而埋入地下，只剩桥

太原豫让桥古槐。邢台与太原，都有关于豫让桥的传说，但都没有确凿无疑的证据。"开发利用"历史遗迹的风潮席卷中国，但多数成为笑谈。

　　　　　　　豫让：当复仇成为一种仪式

边古树，一如既往，守望漫长而幽深的岁月。

　　的确有一座石桥曾在古树旁安卧，但它是否即是豫让隐藏的地方，已无法考证。除非老树开口，道出历史的秘密。

　　事实上，被指为"豫让桥"的所在，除了赤桥村，还有河北省邢台市西南，清代词人陈维崧曾在一首词中写过那座桥：

　　　　秋色冷并刀，一派酸风卷怒涛。
　　　　并马三河年少客，粗豪，皂栎林中醉射雕。
　　　　残酒忆荆高，燕赵悲歌事未消。
　　　　忆昨车声寒易水，今朝，慷慨还过豫让桥。

　　这首词题为《南乡子·邢州道上作》，可见陈维崧所过的是邢台"豫让桥"。

　　2010 年夏天，我曾经到邢台市"豫让桥"附近走了一趟，才知那桥在抗日战争其间即已遭破坏，桥边记载豫让事迹的石碑，也在重修京广公路时做了桥洞基石，如今只有一条布满商店和摊贩的热闹街道，依然挂着"豫让桥市场"的名字。

　　细细想来，赤桥村的"豫让桥"应该更可信一些，因为那里距赵无恤击败豫让主人的晋阳古城，不过十几里之遥。豫让的事迹，即围绕着这些早已消逝的古城、古桥和众多古人们次第展开。

豫让刺杀赵无恤，表面看来是一个单纯的复仇事件，但其前因后果却颇为复杂。

当年大器晚成的晋文公姬重耳，在结束十九年流亡生涯、返回晋国获取君位不久，即延续其父晋献公姬诡诸的政治策略，排斥公族，重用异姓卿族。这些异姓贵族势力，既包括曾追随重耳流亡列国的狐偃、赵衰、魏

晋文公重耳重用异姓卿族，开创了晋国的霸业，但也为日后卿族间的倾轧埋下了隐患。这是晋国历史的一大特点。究其根源，需上溯至春秋之初，当年晋文侯姬仇去世，其子晋昭侯姬伯继承君位之后，封晋文侯之弟姬成师于曲沃，而"曲沃邑大于翼"，翼为晋都。数十年后，曲沃代翼，曲沃武公姬称列为诸侯。武公之子晋献公姬诡诸即位后，为避免再有同类事件发生，大肆屠杀公族，遂使晋国公族尽灭，而异姓卿族势力逐渐坐大。

犨、胥臣，也包括重耳上位后起用的先轸、栾枝、荀林父等人，他们共同组成了一个庞大的贵族势力集团，在晋国的地位举足轻重。

在最初的美好时光，这些异姓卿族们不仅成功地把重耳推上了霸主的地位，使得晋国建立了长期的霸权，而且彼此之间即便谈不上和睦相处，也基本上相安无事。但美好的事物总是不长久，公元前628年姬重耳去世以后，晋国卿族们的君子时代即宣告终结。他们的子孙一方面忙于相互倾轧，一方面悄悄积攒实力，不断蚕食着晋侯的君权。

如此一番折腾，近百年时光倏然而逝，到公元前550年左右，晋国的十一个卿族，已经只剩六个，分别是范、中行、智、韩、赵、魏六卿。

但是倾轧还没有结束。在共存了几十年之后，平衡局面又被打破，六卿再次开打。此次火拼旷日持久，期间扰攘纷纭，犹如一团乱麻，但其本质与前一个世纪的倾轧并无分别：争夺地盘，扩充实力。六卿扩充了实力，就意味着晋国国君的实力又遭削弱。

晋国的"六卿专权"与鲁国的"三桓政治"几乎一模一样，结局也有如复制：国君的地位越降越低，形同看客。

大概就是在此前后，豫让出场了。

根据《战国策·赵策》的记载，豫让是春秋时期晋国侠客毕阳的孙子。毕阳其人，并没有任何事迹流传下来，但《战国策·赵策》既然专门提到他，为豫让做铺垫，想来应该十分有名。

祖上有名，是祖上的事情，到了豫让这一代，那光环早已褪去，他只能像当时许多有些才华的人一样，跑到某个贵族大户家里，去做一个家臣，或为生计，或为理想。

豫让大约是有理想的，尽管我们并不知道他的理想是什么。

他首先投奔了范氏，不得重用，于是转身离开，投奔中行氏，又不得重用。司马迁在《史记·刺客列传》中形容豫让在范氏与中行氏那里的遭遇时，用了一个词："无所知名"，大意是没有混出什么名堂来。

不知名，便走人，这也说明，豫让去做门客，不是为了混日子，而是

　　春秋中后期，家大业大的晋国虽然依旧保持着霸主的地位，但内忧外患不绝。对外，晋与楚连年征战，互有胜负，与西方的秦国也是摩擦不断。可以说，晋楚的争霸是春秋中后期的基本内容。而在内部，卿族间的吞并和倾轧也是旷日持久，逐渐把晋国拖向分裂的深渊。

希望有一番作为。

　　最后，豫让投奔到了智伯门下。智伯即智襄子，名智瑶，也称荀瑶（智氏与荀氏同宗），时人敬称其为智伯。作为智氏最后一任家族领袖，智瑶是一个能力出众也颇有政治野心的人，他欣赏豫让，对其十分尊崇。智瑶的态度令豫让感激不尽，这也为日后刺杀赵无恤一事埋下了伏笔。

　　豫让投奔智伯不久，卿族之间的第二轮火拼宣告结束，这一次，牺牲者是范氏与中行氏。六卿减为四卿，而智瑶从中获利巨大。

　　公元前458年，智瑶与赵襄子赵无恤、韩康子韩虔、魏桓子魏驹合伙瓜分了原本属于范氏与中行氏的封地。这件事被视为晋国政局的一大转折，因为此前贵族被灭后，其土地要由国家收回，归公室所有，如今智、赵、韩、魏四家却公然将其侵占，根本不再将晋国国君放在眼里。

　　　　　　　豫让：当复仇成为一种仪式

晋出公姬错忍无可忍，告之齐、鲁，欲借兵以伐四卿，彻底改变晋国局势。不料，四卿得知消息后，先发制人，毫不客气地将姬错赶出王宫。姬错仓惶逃奔齐国，死于半途。智瑶于是另立晋昭公姬夷的曾孙子姬骄为君，是为晋哀公。

这一系列的行动之后，晋国政局依然保持着原有的态势，或者说表面如此，但四卿之间的实力却发生了重大变化，均衡被打破，而智氏一家独大，不仅封地最多，还将国君牢牢掌握在手中，有如后世的曹操。只不过曹操"挟"的是天子，智瑶操控的只是一个诸侯王。

人的野心正是在对权力的不断追寻和获取中逐步膨胀起来的，正如曹操由丞相到魏王，最终难免萌生做皇帝之意一样，当智瑶在晋国做到了"国政皆决智伯"之时，他是否也曾想过取晋侯而代之？我们无法猜测，但此时的智瑶显然给了人们这样的想象，因为他已经按捺不住，开始向赵、韩、魏三家动手了。

三

此后智瑶的种种行动，是否有豫让的思想贡献，不得而知。历史没有提供证据，但留下了想象空间。既然智瑶如此尊崇豫让，视其为国士，自然也是看中了豫让的才华。在其位，谋其政，豫让作为智瑶的家臣，恐怕也要出谋划策。

但智瑶的行动却很难说出于深谋远虑，他一出手，便咄咄逼人，不留退路。

矛头首先指向韩氏。公元前455年，智瑶向韩康子韩虔索要土地，没

　　山西侯马市中心，一个小小的公园躲藏在居民楼之间。这个公园被称为晋国庙寝遗址公园，即春秋晚期晋国的宗庙建筑遗址所在。晋国在春秋屡屡迁都，一直到公元前585年迁至新田（即今侯马市）之后，再无迁都的记载。侯马距赵盾的老家不过几十公里。

有任何理由，就是要。韩虔当然不想给，但又没胆量不给，于是韩氏的一座万户之邑归到了智氏名下。

轻而易举得到一片广大的土地，智瑶很高兴，如法炮制，把矛头对准魏桓子魏驹，从魏氏手中又得到一座万户之邑。

智瑶此举，当然带有威胁的意味：我要，你就得给，不给就打你，打完了你还得给我。

韩、魏两家势弱，不敢和智瑶对着干，只好违心把城邑奉上。但他们在咬牙切齿割地的同时，心里也打着自己的算盘，正如韩虔的谋臣段规所分析的："智伯贪婪而凶狠，他派人来索取土地，若我们不给，他就会向我们用兵。那么我们不如给他。给了他，他会觉得很容易，必然变本加厉，再向其他人要。其他人有可能不给他，双方就会打起来。如此一来，我们韩氏不仅可以免除祸患，还可以坐待事情的变化。"

什么变化？无外乎智瑶与"其他人"的实力消长。段规的意思是韩氏可以坐观鹬蚌相争，谋取渔翁之利。

"其他人"是谁？不会是魏氏，只能是赵氏。因为赵、韩、魏三家，赵氏实力较强，而且赵无恤和智瑶之间还有一段宿怨。

那是在公元前464年，智瑶率军伐郑。当时赵氏的领袖是赵无恤的老爹赵简子赵鞅，此人是著名的"赵氏孤儿"赵武之孙，战国时代赵国基业的开创者。当智瑶伐郑时，赵鞅不巧生病了，于是就派自己的儿子赵无恤领兵前往。

阵前军营中，醉酒的智瑶强灌赵无恤饮酒，还把酒杯砸到赵无恤的脸上。当时赵无恤的随从全都怒不可遏，请求杀掉智瑶。但赵无恤很冷静，他告诉手下："父亲之所以令我继承其位，就是因为我能忍受屈辱。"

话虽这样说，但赵无恤不可能没有怒火，此乃人之常情。而智瑶返晋后，又在赵鞅面前非议赵无恤，劝赵鞅废掉这个继承人。虽然赵鞅对这个无理建议置之不理，但赵无恤的心中，已然埋下对智瑶的深深怨恨。

智瑶恐怕也知道赵无恤瞧他不顺眼，但在公元前455年，他的实力比之十年前已经强大许多，根本不将赵无恤放在眼里，所以，从韩、魏手中各得一邑之后，他觉得赵氏也应如此，乖乖地把城邑献上。

这一次，智瑶的胃口更大，他直截了当向赵无恤索要蔺（在今山西省吕梁市离石区）与皋狼（在今离石西北，一说在山西省武乡县西北）两个地方。出乎智瑶意料的是，赵无恤断然拒绝了他。

智瑶大怒，遂与韩、魏暗中结盟，三家联手攻打赵氏。

晋国卿族的第三次火拼开始了。

对于智瑶无理索地这件事，明代的学者方孝孺在《豫让论》中曾经批评说，作为智瑶家臣的豫让做得不对，他没有尽到臣子的职责。

方孝孺举例说，豫让应该这样对智瑶"谆谆然而告之"："诸侯和大夫们都应该安守各自的封地，不要互相抢夺，因为这是自古就有的制度。如今我们无缘无故向别人要地，结局无非两种：人家若不给，我们必然心生怒气；若给了，我们又会心生骄气。怒则必争，争则必败；骄则必傲，傲则必亡。"

方孝孺还说，豫让在讲这番话的时候，态度一定要十分诚恳，如果智瑶不听，就再谏，再谏还不听，就三谏，三谏还不听，就干脆使出绝招：伏剑而死。如此至诚，纵然智瑶再冥顽不化，也该有所醒悟了吧。如此一来，后来的灾难就不会发生，智氏家族也不会从晋国的土地上消失。

他责备豫让：在这紧要关头，你居然连一句开导智瑶的话都没说，眼睁睁看着他滑入危险的深渊……

这么看来，方孝孺的确是够"迂"的。且不说豫让是否劝谏过智瑶，也不管豫让是否有这样的口才和谋略，单就智瑶的性格和野心而言，恐怕根本就不会搭理这样的劝谏，更别提所谓的醒悟了。"江山易改，秉性难移"，凭几句话就想让一个贪得无厌的人忽然变得清心寡欲，这不是痴人说梦么？

　　晋阳古城始建于春秋中晚期，此后一千多年间屡坏屡修，直至宋代彻底毁废。如今残存的古城墙遗址，零散地分布在太原市晋源区古城营村附近，成为荒草荆棘们的天下。当然，这些破败不堪的城墙废墟应该是春秋之后的建筑，不可能见识过智伯制造的那场洪水。

四

对手来势汹汹，赵无恤不敢大意，他接受谋臣张孟谈的建议，退保晋阳。

晋阳古城，系赵简子赵鞅的家臣董安于所筑，地点在今太原市西南晋源区古城营村附近，距晋祠不过十里之遥。此城始建于公元前497年，后经历代修扩建，终于在公元979年（北宋太平兴国四年）彻底毁于战火，期间一千四百七十多年一直发挥着自己的作用，从未间断。2010年夏天，我从晋祠出来，乘出租车赶到此地，就见到了那道长满荒草树丛的残垣，上面立着一块石碑，注明这里是东周时代的晋阳古城，全国重点文物保护单位。

公元前455年赵无恤率部退守晋阳城时，它的年龄不过区区四十岁，依然十分坚固，而且城中物资、粮草充足，防御的工具也很完备。赵无恤以为，凭此坚城，可保赵氏平安；智瑶久攻不下，想必也会选择撤退，到那时，他赵无恤就可以相机行事，再做决断了。

最初的三个月，形势正如赵无恤所料，智瑶所率联军毫无建树，晋阳城外堆满了进攻者的尸体。但赵无恤显然低估了智瑶的耐心，三个月之后，智瑶见晋阳迟迟不下，干脆放弃进攻，转变策略，把晋阳城围了个水泄不通。

"水泄不通"当然是个比喻——包围圈是如此严密，以致连水都渗不出来。但在智瑶看来，却并非如此，因为他的围城，的的确确使用了水。以水灌晋阳城，水只有进去的份儿，怎么可能流出来呢？水都出不来，又何况人呢。

晋阳西南有悬瓮山，晋水出焉。郦道元在《水经注》里说，智瑶派兵阻遏晋水，再凿大渠，将水引到了晋阳。

那道渠被后世称作"智伯渠"，如今仅剩一小段，委身于晋祠内。渠

　　　　豫让 **当复仇成为一种仪式**

首连着"难老泉",所以渠水清澈纯净,就像李白所说的,"晋祠流水如碧玉"。只是我隐约听到有人说,那水现在根本不是泉水,是自来水。我不知道那人说的是否确实。

当年智瑶引水灌晋阳时,那渠一定不会如此狭窄,渠中的水,也不会如此清浅。汹涌的大水奔腾而下,把晋阳城变成了一座水库。《史记·赵世家》说:"城不浸者三版。"虽然难以确知"三版"有多高,但从司马迁的叙述就可以判断,城中之水必然很深,恐怕已经淹没了城墙高度的一半还要多。

此时,赵无恤已经死守晋阳一年多(《战国策》的说法是"三年余"),这场人造的洪水彻底打乱了他的部署。地上已经没法住了,人们纷纷跑到高处(比如树上)搭棚子栖身,做饭时,锅也要吊起来;士兵们的身体越来越差,谋士们纷纷病倒……最要命的是,粮食没了!司马迁甚至说,城中人无以果腹,只好"易子而食"——你吃我家的孩子,我吃你家的孩子。

风雨飘摇的晋阳城仅存一息,随时就会崩溃。

赵无恤已经有了投降的打算。

但是张孟谈阻止了他。

入夜,这忠心耿耿的谋臣悄悄出了晋阳,暗地求见韩康子韩虔与魏桓子魏驹。一番密谈之后,双方达成协议。张孟谈又乘夜色返回。

柏杨先生说,外交史上最大的奇迹出现了。

五

奇迹出现的原因,实际上很简单。

张孟谈只是对韩虔和魏驹说了一番话,就成功地把他们从智瑶身边拉走。

　　在晋祠的导览图上，需要仔细看，才能找到"智伯渠"三个字，但这条渠实际上十分显眼，只是游人到得晋祠，大都冲着所谓"晋祠三绝"——周柏唐槐、宋代彩塑、难老泉——而来，对于这一渠清水并无多大兴趣。郦道元在《水经·晋水注》中记载："昔智伯之遏晋水以灌晋阳。其川上溯，后人踤其遗迹蓄以为沼，……沼水分为二派，北渎即智氏故渠也。"

　　　　　　　　豫让：当复仇成为一种仪式

"有句话叫'唇亡则齿寒'。如今赵氏眼看就要被智瑶所灭了，赵一灭，韩、魏离灭亡也就不远了吧。"

这个道理，韩虔和魏驹其实早就明白。智瑶索地的情景，他们至今历历在目，怎会不知智瑶的野心？如今赵氏主动登门示好，他们正好顺水推舟，既送给赵氏一个人情，还可报智瑶索地之辱。

其后的某个夜晚，韩、魏的士兵杀掉守堤之吏，然后决堤放水，大水反灌智瑶军营。赵、韩、魏三家在夜色中同时发起攻击，智瑶的军队溃败，他本人也被赵无恤抓获。

晋阳之围，以一种极富戏剧性的方式结束，智氏的土地被赵、韩、魏三家瓜分。晋国的历史从此翻入新的篇章。

怀着彻骨之恨，赵无恤杀掉了智瑶。但他觉得，仅仅杀了智瑶，还不够。

还有什么惩罚，比剥夺一个人的生命更残忍么？

赵无恤觉得有。他让人把智瑶的脑袋割下来，清理一番，上漆，做成了一个装酒的罐子。这是《战国策》的说法，《史记》沿袭之，但《吕氏春秋》说是做成了夜壶。

应该是酒罐子。夜壶只能自己用，酒罐子却可以在大宴宾客时，摆出来炫耀。

智瑶之死，并不值得同情。正如《战国策·赵策》所说："智伯身死，国亡地分，为天下笑，此贪欲无厌也。"

但人都是有尊严的，无论在古代，还是在今天，无论是好人，还是坏人，也无论是生者，还是死者，尊严都是一个至为重要的问题。坏人当然要惩戒，哪怕他已死去，也可以继续批评、谴责。但不能没有限度。当年伍子胥掘墓鞭尸，虽然为父兄报了仇，雪了恨，但也遭到后世无数人的指责，就是因为他突破了人性的底线。

在一个历来讲究"死者为大"的国度，如此羞辱一个死者，一个过去的对手，赵无恤的做法的确过头了。

他招来了豫让的仇恨。

那时，豫让在晋阳之败后，已经逃入山中。起初，他或许并没有刺杀赵无恤的念头，但智瑶的脑袋变成了赵无恤的"酒罐子"之后，豫让内心必然会发生剧烈的转变。

复仇的欲望像火一样在豫让胸中燃烧。寂静山林中，他发下重誓："士为知己者死，女为悦己者容。智伯对我有知遇之恩，我必为其报仇而死！"

知遇，是上级对下级的赏识，并非朋友间的情投意合。但豫让将智瑶视作知己，这是他自己的事情，是他的权利，任何人都无权插嘴。在豫让看来，赵无恤侮辱了智瑶的尊严，他就有义务为智瑶复仇，讨回尊严。

在一个法治缺失的时代，个人的复仇即是以暴力手段求取公平，讨回受侵犯的权利。这是一种古老的纠纷解决方式，法律学者们称其为"私力救济"。对应私力救济的是公力救济，那里是国家机器发挥作用的场所。豫让没有获得公力救济的环境和途径，他只能一个人去战斗，像一枚鸡蛋，去挑战一块巨大的石头。

豫让的余生，除了复仇，再无其他意义。

六

豫让和此前所有刺客，如曹沫、鉏麑、专诸、要离等人，都有绝大不同。

其一，他没有受任何人的指使、邀请或者利诱，刺杀完全是自己的选择；

其二，他的目的很单纯，只想杀死赵无恤，为智瑶复仇；

其三，他抱着必死之心。

大概也是因为这些原因，学者李零先生在《中国历史上的恐怖主义：刺杀和劫持》一文中，称豫让为"亡命徒"。如"歹徒"、"酒徒"、"叛徒"等词一样，亡命徒毫无疑问也带有强烈的贬义。那么豫让是不是一个亡命徒呢？这要看豫让在刺杀过程中的表现了。

　　为了刺杀赵无恤，豫让做了精心的准备：他改了姓名，扮作刑人，混入赵无恤宫中。

　　刑人就是身体受过肉刑的人，他们没有地位可言，常被充作苦役。

　　豫让混入赵无恤的宫中，干的就是最低下的活儿：装修厕所。这可能是豫让自己选择的工作。在其他地方，他很难遇到赵无恤，即便遇到了，恐怕也是前呼后拥，难以下手。但厕所不同，赵无恤肯定要上厕所，而且不可能领着一众随从。

　　豫让准备的凶器，是装修用的瓦刀，想来应该和现在泥瓦匠所用的瓦刀相差无几。这种刀是用来砌墙抹灰的，一点都不锋利。豫让要杀人，所以把瓦刀磨得锋利无比，一边装模作样抹墙，一边等候赵无恤的到来。

　　那瓦刀在他手中挥动着，笨拙、粗陋，与刺客们惯常使用的刀剑匕首相比，毫无美感可言，但也有好处：不惹人注意。

　　赵无恤来了。

　　这个精明异常的人一进入厕所，就觉得气氛不对。长年累月的征战使他变得十分警惕，况且他羞辱智瑶之事天下皆知，自然也会提防刺客的不期而至。于是赵无恤令左右进来，捉住豫让，详加审问。

　　豫让也不加隐瞒，坦然亮出身份。他指着那把锃亮的瓦刀告诉赵无恤："我来到这里，就是要为智伯报仇的。"

　　左右闻言，欲杀豫让，却被赵无恤拦住："智伯已死，没有后人，他的臣子却不避凶险为其复仇，可见豫让是位贤人。如此侠义之士，怎么能杀了呢？放了他吧，我以后小心躲着他就是。"

　　只因欣赏一个人，就不在乎他的身份、立场和阵营，哪怕是一个前来行刺的刺客，也毫不吝惜赞美之词，并纵其生还。这样的逻辑，在今天已

　　刺客在战国和秦汉时期，一度是勇敢和献身的象征，所以汉人非常敬仰古人舍生取义的行为，常于宫室壁画或者汉画像石上绘刻刺客故事。这幅汉画像分上下两格，大致可做如下解读：上格的刺客刺杀未获成功，被杀身亡，而另一名刺客继续刺杀，终于完成了任务。豫让的刺杀行动虽然也可画作"两格"，但结局大不相同。

　　　　　　豫让：当复仇成为一种仪式

经很难让人理解，但在先秦时代，却曾经真实地存在过。这或许就是张承志先生所谓"清洁的精神"的一种表现。

这件事同时表明，赵无恤也是一个复杂的人，他有应受指责之处，更有值得尊敬的地方。

豫让得以活命，但他的第一次行刺却失败了。

他不放弃，准备发动第二次行刺。但赵无恤的言谈举止给他留下了深刻的印象，他的内心开始产生微妙的变化。

七

刺客历史上最极端的场面出现了。

第一次行刺，豫让采取的手段是改名姓、伪装。第二次，他决定彻底改变自己的容貌，让任何人都认不出自己。

他把漆涂抹在身上，让那些毒性慢慢侵蚀自己的躯体，久之，如生癞疮。

既而，他又拔掉了自己的胡子和眉毛。

一番自我摧残之后，豫让已经面目全非。他变成了另一个人，一个形容丑陋、令人望而却步的怪物。

他到街上去行乞，人群熙攘，已经没人能认出他来了，但他的妻子却起了疑心。这可怜的妇人或许一直在等着自己的丈夫归来，此刻街市偶遇，她盯着豫让，自言自语道："此人体型容貌都不像我的丈夫，但为何声音这么像呢？"

豫让听了，心里担忧，于是又吞炭，把声音弄得沙哑。

再没有什么需要改变了，豫让便偷偷去见自己的友人。他或许是想借此检验一下，易容、变音是否成功。

一个怪人忽然出现在眼前，那友人惊讶了半天，最后，他半信半疑地问道："你……不是豫让吧？"

豫让说："正是我。"

友人听了，顿时泪下："这又是何苦呢？"

豫让把前因后果讲述一遍，表明自己复仇的决心。

友人说："你这么做，难度也太大了吧，恐怕最终也无法成功。你的志气令人敬佩，但实在算不得聪明。为什么不找个简单的办法呢？以你的才干，如果去投奔赵无恤，做出一副甘心为其效力的模样，赵无恤一定会重用你。重用你，自然就会亲近你。如此一来，你就有机会行刺他了。这么做，不就容易得多了吗？"

豫让听了，微微一笑，用沙哑的嗓音回答道："如果真像你所说的那样去做，就是为过去的知己报复新交的知己，为过去的主人杀害新的主人，此等大乱君臣之义的事情，我豫让是不会去做的。我之所以残身苦形，立志为智伯报仇，就是为了向天下人表明，世间还有君臣之义。如果我一边发誓效忠赵无恤，暗地里又想方设法要杀他，这不是怀有二心吗？你说的办法，当然简单易行，但我决意选择最艰难的道路，在完成复仇的同时，也要让后世那些为人臣而怀二心者感到羞愧！"

在这里，豫让说得很明白，他之所以"愚蠢"地选择一条艰难的道路，就是不想用一种错误的方法去报复另一种错误，那样即便成功了，他也不会满意。

仅从这一点就可以断定，豫让不是一个亡命徒，因为一个亡命徒不会有这么多顾虑，他只需要不顾一切危险、不择手段去杀人即可。

这段对话详细记载于《战国策·赵策》中，而在《吕氏春秋·不侵》中，豫让与友人之间还有另一番对话，只是因为缺乏上下文，难以判断这位友人是否就是《战国策·赵策》中那位。

这友人问豫让："你的行为我实在是不理解啊。你当年也曾在范氏和中

　　方孝孺，浙江宁海人，明代著名学者，生于 1357 年。1402 年，方孝孺拒绝为篡位的燕王朱棣草拟诏书，见杀，被诛十族，可谓惨烈之至。后世对方孝孺的评价，鲜明地分作两派，一派称其"愚忠"，一派则盛赞其为"忠节奇儒"。鲁迅先生在《为了忘却的纪念》一文中评价柔石时曾说："他的家乡，是台州的宁海，这只要一看他那台州式的硬气就知道，而且颇有点迂，有时会令我忽而想到方孝孺，觉得好像也有些这模样的。"

行氏门下待过，他们被灭后，你没想过为他们报仇，如今却非要为智氏报仇，不知是何缘故？"

豫让答道："我这就告诉你其中缘故。范氏与中行氏，我寒而不给我衣，我饥而不给我食，让我和其手下上千人一样接受相同的待遇。他们以众人的方式对待我，我当然要以众人的方式回报他们。但智伯不同，他十分看重我，使我出门有车坐，在家衣食无缺，大庭广众之中，还待我以特殊的礼遇。智伯以国士待我，我当然也要像国士一样报答他。"

何为"国士"？也就是一国之中最杰出的那些人。

豫让说智瑶把他当作国士，这让方孝孺老先生很不屑，他在《豫让论》的结尾说："袖手旁观，坐待成败，所谓国士的报答，就是这样的？等到智伯死了，才忍不住愤怒，甘心堕于刺客之流，这有什么可称道的？如此看来，豫让是算不得国士的……"

还好，他没有痛骂豫让自毁身体，对不起父母和上天。

其实，方孝孺本人也应该反省一下自己，当年建文帝朱允炆决定完全废藩时，不是也如智瑶索地一样，暗含着巨大风险吗？时任翰林院侍讲的方孝孺是参与制定废藩计划的官员之一，难道他没有看出其中的危险性？或者，他若看出了，为何不力谏朱允炆采取更为稳妥的方案，以免激起诸藩王叛乱？须知，此时方孝孺所处的位置和智瑶索地时的豫让并无多大分别。等到燕王朱棣夺了皇位，方孝孺再表现出铮铮气节，拒不归顺，还大义凛然在朱棣面前写出"燕贼篡位"四个大字，却早已于事无补。莫非，我们也该据此批评方孝孺没有尽到一个臣子的职责，算不得国士？

在要求别人之前，也须先想一想，这要求是否合理。最简单的判断方法，就是设身处地，想象一下自己是否能够做到，或者有没有勇气去做。

不知道《豫让论》是何时写的，或许，那时的方孝孺还不曾料到自己也将面对豫让这般的处境。

但无论如何，两人的忠义和气节都是值得敬佩的，他们所付出的惨重代价，也值得我们报以同情。历史需要方孝孺和豫让这样被视为"愚忠"

的人，否则，到处都是精打细算、朝秦暮楚之辈，这个国家还有何"精神"可言？

<h1 style="text-align:center">八</h1>

　　第二次行刺的地点最终选定在那座桥边。

　　据山西学者王剑霓《豫让桥确址考》一文，这座桥的建成日期，应该在智伯渠开掘之后。当赵无恤成功地使用外交手段，劝说韩、魏两家决堤放水，反灌智瑶之后不久，即在决口处建了一座石桥，以纪念自己得来不易的胜利。

　　围绕着这座桥，后来慢慢形成了村庄，即今天的赤桥村。

　　村名来自桥名，当地县志记载说，此桥"初名豫让桥，至宋太祖凿卧虎山有血流成河，故更今名。""今名"即"赤桥"，但其"初名"肯定不是"豫让桥"，因为桥建成之时，它跟豫让还没有任何联系；至于凿卧虎山而血流成河的说法，更是玄虚不可信。依我看，之所以称之为赤桥村，恐怕多半是谐音——据说这村庄以前也曾叫过刘村、韩村和石桥村，石桥村与赤桥村，听起来很像。

　　之所以选定这座小桥，是因为豫让早已探明，赵无恤到自己的园囿中巡游，返回时必从此处路过。

　　他躲在桥下，侧耳细听，像一个潜伏的猎人，小心翼翼等着猎物入网。

　　终于，马蹄声和人声过来了，越走越近。

　　那队人马走到桥头时，意外忽然出现。赵无恤的马惊了，立于桥头，嘶鸣、踢踏，显得焦躁不安。

　　赵无恤自忖道："莫非豫让在桥下？"

豫讓漆身
丙寅仲冬既望
邗池漁父寫於滬上

　　清末民初马骀《马骀画宝》中的豫让。马骀把
豫让描绘成了一个屠夫的模样，但事实上豫让出身
并不差，尽管他曾残身毁形，但基本的气质是不会
丢失的，所以我觉得此图并不符合豫让的真实形象。

他不确定。就像上次在厕所中的遭遇一样，他只是隐约感到有什么不对劲。

派人到桥下看，有人。一问，果然是豫让。

赵无恤有些恼怒："你曾经做过范氏、中行氏的家臣，智伯灭了他们，你不为他们报仇，反而做了智伯的家臣；而今智伯已死，你为何独独要为智伯报仇，而且不惜一切代价？"

那沙哑不堪的声音答道："不错，我是做过范氏和中行氏的家臣，但他们待我如众人，所以我也像众人一样回报他们。至于智伯，却是以国士待我，所以我也要像国士一样回报他。"

就像回答那位友人的疑问一样，豫让的回答坦然、理直气壮。

赵无恤听毕，一声长叹，忽然落下泪来。

"唉，豫让啊，你为智伯所做的一切，已经闻名天下；我曾经饶过你的命，也算是仁至义尽了。现在你自己考虑一下该怎么办吧，反正我是不会再放你走了。"

一声令下，士兵们将豫让团团包围。

在《吕氏春秋·序意》中，有一个细节为《战国策·赵策》所无：当赵无恤怀疑桥下可能埋伏着刺客时，他命令参乘（即陪乘之人）青荓（音平）到桥下去看。青荓一看，桥下果然有人，正躺在地上装死。再仔细一看，是豫让。而此时豫让也认出了青荓，他叱责道："赶紧走开，我正在做大事。"青荓说："年少时我们俩就是好朋友了，如今你要做大事，我不能说出去，说出去就是出卖朋友；但若不说，眼睁睁看你杀掉我的君主，又失掉了为臣之义。如此，我唯有一死了。"言毕，青荓退而自杀。

《吕氏春秋》评论说，青荓既看重君臣之义，又不废弃朋友之道，他和豫让可谓真正的朋友。

青荓的自杀，为豫让行刺赵无恤让开了道路，也为豫让的事迹增添了深度和悲剧色彩。

但被包围起来的豫让，已经没有了刺杀的机会。

如果故事到此结束，仍然不失其完整性和撼人心魄的魅力，其原因诚如赵无恤所说：豫让的所为已经感动天下人。而赵无恤义释豫让，也留下了美名。

但故事并没有完，它继续向纵深处发展。

在生命的最后时刻，豫让向赵无恤提了一个要求。

"我听说：明主不掩人之义，忠臣不爱死以成名。上次，您已经宽赦过我，天下无人不称颂您的贤明。今日之事，我固然应该受死，但临死之前，希望您能把衣服给我，让我刺上几剑，以此表示智伯之仇得报，我也可以死而无憾了。"

豫让觉得这个要求有些过分，赵无恤未必能答应。

但赵无恤答应了。在撼人心魄的忠义面前，连强大的对手都肃然起敬。可惜，这样的情节在我们的历史记忆中少之又少。

赵无恤脱下外衣，让人递给豫让。

豫让拔剑在手，大呼，三跃而击之，然后仰天长叹："九泉之下，我可以见智伯而无愧了！"

说完，伏剑身亡。

九

豫让之死，是尊严的胜利。

这尊严既包括智瑶的尊严，更包括豫让本人的尊严。从某种程度上说，还包括赵无恤的尊严。

豫让复仇的终极目的，是为智瑶讨回尊严，回报智瑶的知遇之恩。为此他愿意付出一切，包括生命。但是，他不会牺牲自己的尊严。所以，他拒绝采取"不义"的方法——豫让这么做，应该还有另一层原因：赵无恤

豫让：当复仇成为一种仪式

出于军事目的修建的智伯渠，在"晋阳之围"后失去了军事意义。后人在旧渠的基础上加以改造扩建，成为造福一方的水利工程。

的义释赢得了豫让的尊重。

我以为，当豫让在桥下准备第二次行刺的时候，或许夺取赵无恤生命的念头已经没有那么强烈。能取赵无恤的生命，当然还是会取，但取不了也不要紧，只要能讨回智瑶的尊严即可。

复仇，终于成了一种仪式。

敌对的双方，以完美的配合，完成了仪式的伟大胜利。

豫让自杀的消息传出，赵氏的士人，都为之落泪。

这是中国历史上真正的悲剧，它激烈、凝重的美，对于今天的我们来说，已经遥远得如同传说。

杖剑至韩，韩相侠累方坐府上，持兵
戟而卫侍者甚众。聂政直入，上阶刺杀侠
累，左右大乱。聂政大呼，所击杀者数十
人，因自皮面决眼，自屠出肠，遂以死。
——《史记·刺客列传》

刺客『变形记』

聂政

聂政：

刺客“变形记”

　　在所有先秦刺客中，聂政的刺客生涯最为复杂，载有聂政事迹的几种古书中，相关叙述也是差异颇大。在武梁祠画像上，聂政膝盖上放着一张琴，而这一点，在《史记》和《战国策》中都未曾提及。因此这幅画像很可能是根据《琴操》里的聂政故事所作。

一

大河之南，中原厚土，是悠久中国历史无数重大事件的发生场。

自河南省会郑州向南，不过百余公里，有一县级市名曰禹州。从地名即可看出，此地与治水的大禹颇有关系。据说大禹治水成功后，帝舜封其为夏伯，并将虞邑赐予大禹，后人遂称虞邑为禹州，意即"大禹之州"。如今，后人想象出的大禹雕像就高高矗立在禹州街头，俨然做了这小城的名片。

我到禹州来，却并非要游览大禹时代的种种遗迹，那些过于久远的事物通通涂抹着神话传说的色彩，令人难辨真伪。我关注的时代已在大禹之后至少一千五百年，即春秋末期战国之初。那时，禹州被称作阳翟，是战国七雄之一韩国早期的都城。

韩国的兴起，自是有其久远的渊源，但公元前 5 世纪中期，赵、魏、韩三家合伙灭掉智氏、瓜分其地并共执晋国朝政之后，方才渐渐显出成果。公元前 403 年，韩与赵、魏两家一起，得到周威烈王姬午的承认，正式位列诸侯，成为独立封国。

公元前 397 年，阳翟城中发生一件大事，有刺客提剑直入韩相侠累府中，击杀包括侠累在内的数十人，然后挥剑自屠。此事一时震惊列国。

这刺客即是聂政，一介小人物，却以其勇猛、酷烈和忠诚被载之史册，并位列《史记·刺客列传》，受到司马迁的极力推崇。此后的历史中，聂政被反复提及，进入各种艺术体裁，直到 20 世纪中期，郭沫若还以其事迹为线索，铺展成话剧《棠棣之花》。

聂政究竟有什么魅力，两千多年来被传唱不息？在小小的禹州城里，这当年的喋血之地，自然是找不出答案的，市井寻常小民也多半不知聂政是何人。

　　禹州作为韩国都城的时间仅有三十年左右，公元前375年，韩国灭掉春秋前期的强国之一郑国，把都城迁到了新郑。

　　　　　　　　聂政：刺客"变形记"

　　但是迁都并不能改变韩国的处境。由于韩国地处中原核心，东有魏、齐，南有楚，西有强秦，北有赵，而韩国本身不仅面积最小，又无山河之险，因此是不折不扣的"四战之国"。公元前230年，韩国成为"战国七雄"中第一个被秦国灭掉的国家。

　　看资料，禹州城里有座聂政台，当地的报纸上说，聂政台本是这刺客的坟墓，又曾被当作纪念遇刺者的遗迹，后来还曾在其上建筑道教场所，以压制所谓"杀气"。

　　这几个相互矛盾的身份，令我颇觉惊讶，更想前往一探究竟。谁知，作为普通的旅行者，想看聂政台是毫无希望的，因为多年以前，它已被河南省第三监狱圈进了高墙之内，要想进去游览，必须得经过数道手续，且要手持盖了红章的介绍信。我没有这样的特权，只好在监狱外围闲逛一通，遥遥想一下聂政台的形貌。向路边摊贩探问聂政台的情形，却被问道：是否要去探监？

　　聂政台建于明代，一些粗疏不堪的文字将其描述成亭台楼阁美不胜收，我当然是不信。后来看到一篇名为《高墙锁不住的风景》的文章（作者刘俊民、邓雷，他们曾进入河南省第三监狱采访），其中如此描绘作者所见的聂政台：

> 这是一座凝重而别致的建筑。一座砖石垒砌的高台，在一片绿茵上突兀地挺立着。高台之上，可以看到一些灰灰的房屋的瓦脊。一个飞檐的亭子，站立在高台的前右角，十分抢眼。

可惜，这景观的确是被高墙锁住了，而且不知要锁到何时。我心怀惆怅，在高墙外一边溜达，一边又觉得这高墙极像一个隐喻：既要纪念聂政勇猛凌厉的精神，又担心这精神成了被学习的榜样，只好锁了起来，不让人见到。

但聂政终究是锁不住的，一篇《史记·刺客列传》早已扬其名于天下。

二

聂政成为刺客，不是出于自己的选择——小人物登上历史大舞台，有赖某位大人物的提携。聂政面对的这个大人物，是韩国大夫严仲子。

严仲子，即严遂，濮阳（卫国都城，在今河南濮阳）人，韩烈侯韩取之时，为韩国大夫，很受韩烈侯赏识和重用。有了韩取的撑腰，严遂毫无顾忌，朝堂之上常常当面指责同僚的过失。某一日政议时，严遂再次发飙，这一次他把矛头指向了韩相侠累（即韩傀），直陈侠累之过。侠累闻言大怒，反唇相讥，二人一时僵持不下，场面颇为紧张。若严遂讲究些策略，退让一下，事情大约也不至于不可收拾，但他居然拔出剑来，直指侠累。

这场交锋虽然没有酿成血光之灾，但严遂的鲁莽还是置自己于极端不利的处境。因为侠累是韩烈侯韩取的叔父，即便韩取再赏识严遂，到了紧要关头，也必然会偏向自家人。

严遂退朝还家，自感已身处危险境地，于是远远逃离了阳翟，以求避祸。

但一味逃避终究不是办法，严遂以为，以侠累的势力和他对自己的仇恨，恐怕也不会轻易放过自己。于是严遂决定先下手为强，重金聘请刺客前往阳翟行刺侠累。无奈侠累戒备森严，数次行刺均告失败，严遂只好悄悄行游列国，继续寻找能够刺杀侠累的刺客。

到了齐国，有人向他推荐了一位勇士，即聂政。严遂大喜，携重金厚礼前往拜访。

严遂的作为，其实颇有令人不解之处：正常的朝堂争论，何至剑拔弩张？逃亡之后，为何要一心刺杀侠累？难道侠累已然派人刺杀过严遂？这些令人疑惑之处，无论《战国策》抑或《史记·刺客列传》，都不曾给出答案。但在现代人看来，找出这答案是必要的，因为它事关聂政的行刺正义与否。

《高墙锁不住的风景》一文中曾讲到，聂政台遗址处挂有一块说明牌，上面写着：

> 聂政台，又名西台，位于禹州市城西。战国时期，因韩国丞相侠累残暴荒淫，贫苦人民恨之入骨，朴实勇敢的聂政曾闯进相府刺杀侠累。聂政也当即自缢，被葬于此，后人筑台以纪念。台高9.62米，面积1165平方米，台上有鼓楼、廊房、大殿等建筑，从远处望去，庄严巍峨。

在吕超峰先生拍摄的这张照片上，我们可以看出，聂政台的确是一座"凝重而别致的建筑"——从外观上，你看不出它到底是干什么用的。当年的建造者在设计建造时，或许内心也矛盾重重。当然，这种感觉可能也是因为聂政台身处监狱之中的缘故。

这段解说词，带有鲜明的"时代特色"，虽然为聂政刺杀侠累"找"到了正义的理由，但代价是歪曲甚至编造历史——侠累"残暴荒淫"，证据何在？聂政"朴实勇敢"，则分明是把这刺客当作贫下中农看待，也是凭空的臆想。

在国家意识形态面前，聂政被变形了。

事实上，在我看来，严遂与侠累之间的仇恨，对于刺客聂政来说并无多少意义。因为聂政之所以甘为严遂所驱使，而冒险行刺侠累，其出发点原本就与行刺是否正义无关。

　　　　　　　　　聂政：刺客"变形记"

三

　　但聂政并没有一口答应严遂的请求，尽管后者所携重金，可能是聂政一生中所见最多的一次。

　　那时，聂政的身份是个狗屠。

　　他本来也是韩国人，家在轵县深井里。战国时的轵县，在今天河南省济源市轵城镇一带。2010 年夏秋之际，我在轵城镇泗涧村，见到了聂政的墓和祠堂。那墓就孤零零卧在路边，一个大土冢，被树丛盖得严实；一棵野枣树结满了果实，已近成熟，把枝头压得很低。墓的前面，一处安静院落，是聂政祠。推开虚掩的院门，只见雨后湿润的小院中杂草丛生，香火冷落，似乎少有人迹。闻得有人造访，看守祠堂的解福祺老头儿匆匆赶来。

　　打开祠堂正殿，三座塑像顿时鲜艳地映入眼中——中间是聂政，右边是聂母，左边是聂政的姐姐聂荣。三个人物，全部塑得古朴稚拙，脸色及所披衣服又都鲜艳欲滴，仿佛刚从戏台上下来。

　　这祠堂是解福祺牵头在 1993 年重修的，后来还新立了一通石碑，上面工整地刻了几百个字，署名北岸的作者在末尾评说道："余以为聂政一屠夫耳，所以名垂后世者，在其人格。士遇知己，感恩图报，仗剑而行，志在必达……"所说倒极是大气。细看院中其他石碑，最早的刻于明代，可见这祠堂的历史至少也有几百年。

　　我问解福祺，脚下这土地，就是当年聂政所在的深井里么？他一边摇头，一边拉了我到外面，站在聂政墓脚下，向远方一指："看见那道土墙了吗？那就是以前的古城，聂政就住在那古城里。"

　　一阵风吹过，广阔的玉米田如海水晃动，早已将那土墙密密实实地遮掩起来，只看到一长条突兀隆起的玉米田，鹤立鸡群般俯视着四周。解福祺的说法或许只是传说，就如眼前这座聂政墓，恐怕也并非聂政栖息之所，而是后人堆了起来，以表怀念之意。但这平坦广阔的土地，却必定是聂政少年时玩耍之地，他在这里出生，长大，最终举家逃亡……

"聂政离开轵城时，可能还不到二十岁。"解福祺说。

但他不能不离开，因为他杀了人。杀了什么人？不知道。

那时，他的父亲早已去世，家中只有他和母亲、姐姐三人。为了躲避仇杀，聂政带着家人匆忙逃离了故乡，他们一路向东，最终到达了齐国境内。三口之家，身处异乡，只靠聂政一人以屠狗为生。

待时光缓慢流逝，日子渐趋平稳，聂政似乎已不再刻意隐瞒过去的经历，他曾杀人的事迹也渐渐被人知晓，暗地里流传开来。齐地之人都视其为勇士，敬畏有加。

这名声为聂政引来了濮阳人严遂。

某一日，得人指引的严遂登门来访聂政。贵客忽然光临，聂政自然颇感惊讶，以礼相待，而严遂也态度十分恭敬。数次来往之后，严遂置办丰盛宴席，并亲自捧杯向聂母敬酒。酒酣之际，严遂又捧出黄金百镒，到聂母面前祝寿。镒是古代黄金的重量单位，一镒等于二十两，百镒则是二千两。《战国策·齐策》中曾云："有能得齐王头者，封万户侯，赐金千镒。"得了齐王人头，才可获黄金千镒，而严遂居然出手如此阔绰，一下便要送给狗屠聂政黄金百镒！如此看来，这严遂定是当时的巨富。

数目如此庞大的黄金摆在面前，让聂政震惊不已，连忙推辞不受——所谓无功不受禄，聂政岂能不知？但严遂却执意要送，态度愈发坚定。聂政于是说道："我幸有老母健在，家虽贫困，且客居异乡，但我以屠狗为业，还是能养得起她老人家的。您这份厚礼，我万万不能接受。"

严遂见状，避开众人，悄声对聂政说道："我有一个仇家，我曾周游列国，希望找到一个为我报仇的人，但一个也没找到。来到齐国，我听人说您勇猛而且重义，所以献上这些黄金，作为您母亲大人日常生活之用，也想借此结交您这位朋友。并无其他想法。"

严遂的话虽婉转，但聂政已然明白其意图：这些黄金足够聂母养老

　　　　　　　　聂政：刺客"变形记"

　　解福祺几乎记得所有来过聂政祠的外地人，尤其是电视台和报纸的记者。他还提到作家张承志。只不过，张承志拜访聂政祠的时候，解福祺并没有在现场。他有些遗憾："是个大作家，听说他在日本？"

　　聂政祠后的公路，可以一直通向济源市区。路的右边，有凸出地面的土墙，解福祺说那就是当年聂政所居的古城。

　　　　　　　　　　　聂政：刺客"变形记"

了，聂政不必再有后顾之忧，可以一意为严遂去复仇了。

聂政依然没有接受。他告诉严遂："我之所以降志辱身，在这市井中做个屠夫，不过想借此奉养老母。老母在，我不敢许人以性命。"

严遂不甘心，又几次执意相赠，聂政终不肯接受。严遂无奈，尽了宾主之礼，径自拜别而去。

四

又不知过了多少光阴，某一天，聂政的母亲终于以天年辞世。

聂政安葬了母亲，除去丧服之后，觉得人生最大的心愿已了，可以不必再继续这狗屠的生涯了。

那时，聂政的姐姐聂荣已经嫁做他人妇，家中只剩聂政一人，再无任何牵挂。聂政想起了严遂，不由一声长叹："唉，我聂政本是市井小民，终日所做不过杀猪宰狗而已。严仲子贵为诸侯卿相，却屈尊纡贵，不远千里来和我结交。相比之下，我对严仲子的情谊实在是太浅薄太微不足道了。当日严仲子奉百金为老母祝寿，我虽没有接受，但依然心存感激，因为这表明他理解我。这样一位贤者，只因要报仇雪恨，就远赴穷乡僻壤，视我为可以亲近信任之人，我又怎能置之不理，仿佛一切都没有发生过呢？况且，当日严仲子邀请我时，我只因老母在世，才没有答应他。如今老母以天年而终，我也该为知己所用了。"

这段长长的自我剖析，解释了聂政此后所作所为的根本原因：只因严遂理解了自己，而且又极敬重自己的母亲，他就把严遂视作知己。正如当年豫让视智瑶为知己一样，聂政引严遂为知己，也是他自己的事，旁人无

河南省濮阳市戚城公园内的颛顼雕像。濮阳是卫国的都城。公元前397年，当聂政从齐国赶到濮阳时，卫国在位的君主是卫慎公卫颓。

权插嘴。也正如豫让发出"士为知己者死，女为悦己者容"的豪言一样，聂政发出了"士为知己者用"的壮语。

所谓"用"，说来轻松，其实与赴死并无多大分别。聂政早已想过，严遂的仇家，必定也是贵为卿相，守卫森严，难以下手，即便刺杀成功，也恐难全身而退。此前严遂派去的一些刺客均告失败，已经说明了这一点。

　　　　　　　　　聂政：刺客"变形记"

但聂政不在意。他既已下定决心为严遂所用，就做好了死亡的准备。

待一切处理停当，聂政起身西行，到了卫国的濮阳。

这一年是公元前 397 年。

聂政见到严遂之后，告诉他老母去世的消息："当日之所以拒绝您，只因为老母尚在。如今她老人家已然辞世，我再无牵挂。请告诉我那仇家是谁，让我去完成您报仇的愿望吧。"

严遂道："我的仇家是韩相侠累，此人是韩君的叔父，宗族盛多，居处守卫甚众。我曾经找人去刺杀过他，都没能成功。如今，幸而得到您的帮助，事情总算有希望了。就请您率领车骑壮士为辅翼，一起赶往韩国吧！"

这大概就是严遂此前采取的行刺策略：一个刺客率领着一队人马，俨然一个小分队。这哪里是去行刺，倒像是去讨伐。

聂政否决了严遂的建议，他有自己的谋略："从卫国到韩国，路途并不遥远。此番前往，只为杀韩国国相，而国相又是国君的叔父，事关重大，不能人多，人多便易生是非，恐怕会走露消息。若消息泄露了，非但刺杀难以完成，韩国也将举国与您为仇。"

聂政的谋略，有两个关键点：其一，一定要完成刺杀；其二，要为严遂守密，不让任何人知道他是背后的主使。

或许严遂并没有向聂政提出守密的请求，但聂政却早已把守密当作自己的誓约。

他决定只身前往，就像一个孤独的旅人，行色匆匆，既不在意路边的风景，也不愿引来关注的目光。

从濮阳到阳翟，大约两百公里，中途需要越过浩荡的黄河，此外便是一马平川，间或闪过几座不起眼的小山。聂政仗剑，出卫国，过郑，数日便到达韩国都城阳翟。

五

事情的进展出人意料地迅速，几乎没有任何铺垫，风尘仆仆的刺客已经出现在侠累府上。

手持兵戟的众多侍卫尚未做出反应，那刺客的剑锋已经掠过，如秋风扫落叶。

聂政登阶直上，一击而中，侠累当场死亡。左右大乱，围住了聂政。聂政大呼，所击杀者数十人。

然后，最惊心动魄的场景出现：聂政割下自己的面皮，剜出双眼，剖腹而死。他彻底毁坏自己的容颜，只为不让人认出自己，从而更不可能知道背后的主谋。

聂政以惨烈的一死，实践了自己守密的誓言。他向严遂的承诺，全部做到了。

很多年之后，魏国人唐雎出使秦国，面对秦王"天子之怒，伏尸百万，流血千里"的威胁，曾举出聂政的例子震慑秦王："聂政之刺韩傀也，白虹贯日。"

所谓白虹贯日，是说有白色长虹穿日而过，在古人看来，这极其罕见的天象表明，人世间有不平凡的事情发生。

尽管白虹贯日不过是后人附会，但聂政之刺侠累却无论如何都是当时的一件大事。消息传遍列国，世人莫不震惊，但却无人知道这刺客的来历。韩国置聂政尸首于街市之中，悬赏千金，求其身份及同党。

此时，世间的知情者只有严遂一人，若严遂不出面，此事或将成为一桩悬案。

严遂最终没有出面，此后他的踪迹全无，消逝于历史的烟海之中。

但另一个人来了，她的出现，改变了聂政在历史中的命运。

　　　　　　聂政：刺客"变形记"

六

平民百姓而在历史上留下名姓者本就稀少，女子就更不必说。

聂荣得以垂名后世，自然因为她是聂政的姐姐。但不可否认的是，聂荣有其自身的魅力，她体内蕴含的烈性和勇毅并不逊色于她的弟弟。

她懂得自己的弟弟。

当严遂奉上黄金百镒时，聂荣或许已经明白，她的弟弟从此将踏上一条不归路。她知道，或迟或早，聂政必定随严遂而去。

当聂政离家西行，远赴濮阳时，聂荣已经预感到，那注定的一刻不可阻遏地来了。

她或许曾经设想过那一刻的情景，想象自己的弟弟最终如何死去，成就了一世的英名……但世间的事情如此复杂，又如何能想明白？

在焦虑中，聂荣静静期待着远方的消息。但远方是哪里，聂荣或许并不清楚。那满怀心事的弟弟，抱着必死之心上路时，必定没有吐露深藏的秘密。

聂政的深沉，只有聂荣知道。

终于有消息从韩国传来了，但是极含糊。说者云：韩国国相遭人刺杀，但刺杀者破相毁容后自屠，无人知其名姓，眼下，韩国正悬赏千金，求其名姓及党人。

聂荣得知，顿时悲从中来，自语道："莫非是我的弟弟聂政？我的弟弟如此贤能，我又怎能吝惜自己的生命，而泯没了弟弟的英名呢？"她决意要让弟弟扬名天下，尽管这并非弟弟的本意。

于是聂荣动身赶往韩国，到了阳翟城，见那刺客的尸首依然曝露于街市之上。走近细看，容貌虽毁，但身量衣装，却是聂政无疑，不由大放悲声，伏尸痛哭道："勇哉！浩浩英气超越了勇士孟贲、夏育，高过成荆！父

　　聂政祠内的碑刻和塑像。三座塑像造型稚拙，色彩鲜艳。为了让观者明了其身份，每个塑像身后都贴上了名字。聂政祠在当地被称为将军庙，每到初一、十五，常有人来上香。我问解福祺，人们到这庙里来求什么？他说，求子，祈福。

　　　　　　　　聂政：刺客"变形记"

聂政祠后面，一座大大的土冢，据说就是聂政的墓了。与树下乘凉的老人聊起聂政，他们不说刺客，只言将军。将军，无论如何，听起来总比刺客亲切一些，而且平添了"忠孝"的意味。

母已死，无有兄弟，你死而不留名姓，都是因为我的缘故啊。"

街上行人慢慢聚拢来，狐疑地注视这女子。聂荣哭过一通，忽然向众人说道："这是我的弟弟，轵县深井里的聂政！"

这轻轻的一句，含着压抑不住的哀伤，但却是无比庄严的宣告，字字千钧，掷地有声。

围观者说道："此人暴虐我国相，韩王正悬赏千金购其名姓，夫人难道没有听说吗？怎敢前来相认呢！"

聂荣回应道："听说了。"然后又细细讲述聂政的往事。讲完了，聂荣慷慨说道："士当为知己者死，如今只因为我的缘故，他甘心毁容自屠，我又怎能害怕杀身之祸，而埋没弟弟的名声呢！"

在众人惊讶的注视下，聂荣仰天三声长叹，死于聂政身旁。《战国策·韩策二》中说她是自杀，司马迁在《史记·刺客列传》中则说，聂荣是因哀伤过度而死。

我觉得，聂荣应该是自杀的，她知道自己难免一死，不如自行了断，追随弟弟而去。当日在泗涧村，我曾和解福祺老头儿谈论过此事，他说，应该是自杀的吧，和她弟弟一样，都是烈性的人，有勇气。

聂政祠中，我曾仔细端详聂荣的塑像，见她端坐如仪，面容粉白，略含笑意，倒像一位菩萨。

聂政的祠堂，为何要塑他姐姐的像呢？问完了，我忽然觉得有些多余。解福祺却已熟练答道："没有他姐姐，哪里来聂政的名声？"

大约那《史记·刺客列传》的篇章，早已被他读过无数次了，随口说出的，都似经过仔细推敲。

司马迁在《史记·刺客列传》中记载，晋、楚、齐、卫等国的人听说了消息后，如此评说道："不独聂政勇毅贤能，他的姐姐也是一烈女子。假使聂政不知道聂荣的个性，也未必敢对严仲子以身相许。如此看来，严仲子也可谓知人而能得士啊。"

根据司马迁的这段记载，聂荣在阳翟市中吐露了严遂的姓名。但在《战国策·韩策》中，聂荣却只字未提严遂。《史记·刺客列传》关于聂政的内容，当是取材于《战国策》的相关记述，我以为，《战国策》所记为是，若聂荣公布了严遂的身份，那就违背了聂政的初衷，她既理解了聂政的行为，定然会尊重聂政的想法。

事实上，《战国策》与《史记·刺客列传》关于聂政的记载，还有另一重大不同之处，几乎可以视作另一版本。

　　　　　　　聂政：刺客"变形记"

七

在《战国策·韩策》中，当聂政来到韩国，并没有径直去了侠累的府第，因为当时侠累不在府中，他和韩王在一起。

那时，韩国正在举行东孟之会，韩王和国相侠累以及众多高级官员全都在场，大约还有别国的使臣之类。东孟之会，具体内容是什么，并不清楚，但大约可知东孟是韩国国都附近的一个地方，而且这个"会"的规格也很高，守卫森严，兵戟林立。

就是在这样一个万众聚会的地方，刺客聂政忽然出现，仿佛从天而降。一个风尘仆仆的陌生人，还佩着长剑，如何能进入这庄重森严的场合？《战国策》没有交代。郭沫若在话剧《棠棣之花》中，为了解决这个问题，让聂政假扮作秦国使者的随从，以为韩王舞剑为由，强行闯入。当然，这只是文学家的想象和虚构，并不符合逻辑。真相早已无法觅得，我们只知道，聂政不仅进去了，而且似乎并没有费什么劲儿。

他进来之后，登阶而上，若迅雷般，挺剑直刺侠累。

侠累大惊，起身逃命，仓惶之中，无处躲藏，竟然一把抱住了韩王！

这是侠累绝望至极的时刻，他不再顾忌任何君臣礼法，拉韩王做盾牌，做最后无望的一搏。

聂政没有停手，他毫不犹豫地杀掉了侠累，同时还杀掉了韩王。

杀了国相侠累已是大事一件，若又刺死了韩王，更是惊天动地。

这位被聂政捎带刺死的韩王，《战国策·韩策》说是韩哀侯。韩哀侯于公元前377年至公元前371年在位，也就是说，若聂政刺杀了韩哀侯，时间当在公元前371年。司马迁在《史记·刺客列传》中采纳了《战国策·韩策》的说法，认为聂政是在韩哀侯时刺杀了侠累，但却并未提及聂政同时刺杀了韩哀侯；与此同时，在《史记·韩世家》和《十二诸侯年表》中，司马迁却又宣称聂政刺侠累在韩烈侯三年，即公元前 397 年，而韩哀侯则是在公元前 371 年被一个名叫韩严的人所杀。

同一件事，《史记》中"表、传各异"，诚如唐人司马贞所说，是因为司马迁采取了"闻疑传疑"、"事难的据，欲使两存"的处理办法——既然难以厘清真相，就干脆把多种说法一并列出，让后人去分析判断。这种处理方法虽然客观，但也很让后世人头疼。本文只能权衡各方观点，采取其中一种说法，认为聂政刺杀侠累发生于公元前 397 年，即韩烈侯三年。至于韩哀侯是如何死的，则不予过多关注。

但既然《战国策·韩策》记载聂政杀了韩王，那么聂政从此就难以摆脱这个嫌疑。在"聂政刺侠累"故事被各种文献古籍记载的同时，"聂政刺韩王"的说法也广为流传。山东嘉祥著名的武梁祠汉画像中，有一幅"聂政刺韩王"图。图中，韩王坐在一个有靠背的木榻上，聂政坐于韩王前方，腿上放着古琴，左手持一把匕首，正刺向韩王。

聂政腿上那件古琴，遥遥地指向一首著名的古琴曲：《广陵散》。

八

至迟在东汉时，"聂政刺韩王"的传说又形成了一个完全不同的版本，聂政的形象也随之发生了一次重大"变形"。

在据传为东汉蔡邕所编的古琴曲集《琴操》中，详细记述了这个已经高度变形的"聂政刺韩王"故事。

在这个故事中，聂政的身份不再是狗屠，而是一位技艺高超的琴师；他之所以去行刺也并非因为受人之托，而是为父报仇。聂政的父亲本是一

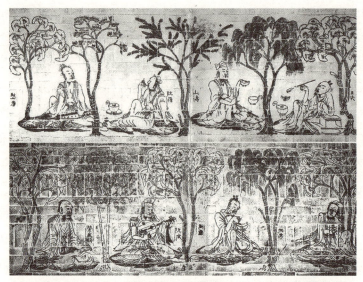

聂政刺韩王曲

聂政刺韩王者，聂政之所作也。政父为韩王治剑，过期不成，王杀之。时政未生。及壮，问其母曰：父何在？母告之。政欲杀韩王，乃学涂入王宫，欲刺韩王，不得，踰城而出，去，入太山。遇仙人，学鼓琴，漆身为厉，吞炭变其音。七年而琴成，欲入韩，道逢其妻，从买栉，对妻而笑。妻对之泣。政曰：夫人何故泣？妻曰：聂政出游七年不归，吾尝梦想思见之。君对妾笑，齿似政齿，故泣耳。政曰：天下人齿，尽似政耳，何故泣乎？即别去，复入山中，仰天而叹曰：嗟乎！变容易声，欲为父报仇，而为妻所知，父仇当何时复报？援石击落其齿。留山中三年习操，持入韩。人莫知政。政鼓琴阙下，观者成行，马牛止听。以闻韩王，王召政而见之，使之弹琴。政即援琴而鼓之，内刀在琴中。政于是左手持其衣，右手刺王，杀之。如是杀韩王。……聂政杀韩王，亦自刳剔面皮，断其形体，人莫能识。国人莫知政形体，乃悬金千斤，购政姓名，莫有知者。……赐金千斤，遂以此所谓聂政也。为父报仇，知当及母，乃抱……自犁剔而死。何爱一女之身而不扬吾子之名哉。

琴操卷下

"竹林七贤与荣启期"群像及《琴操》书影。前者为南京西善桥魏晋南北朝时期古墓中出土的模印砖画。

位铸剑师，受命为韩王铸剑，结果误了期限，被韩王所杀，而聂政则成了遗腹子。长大后，聂政从母亲口中得知父亲死因，遂发誓复仇。第一次去行刺韩王，未能成功，于是聂政遁入山中。他遇到了一位仙人，仙人教会了他鼓琴。聂政打算以此为契机，借口为韩王鼓琴，伺机行刺。

为了不被人认出，聂政像当年的豫让一样，"漆身为厉，吞炭变其音"，把自己弄得面目全非。七年之后，聂政学成下山，再赴韩都。路上他遇到自己的妻子，差点被认出来，于是聂政又返回山中，敲掉牙齿，又练琴三年，方才负琴下山。到了韩都，聂政故意在闹市之中鼓琴，他的琴艺可能非常好，以致"观者成行，马牛止听"。消息很快传到韩王耳中，这个喜好音乐的国王立即派人请聂政入宫鼓琴。

韩王不知道，这面目丑陋的琴师是为夺命而来，琴身之内早已暗藏利刃。当曼妙的乐音响起，韩王陷入陶醉之中时，琴声却戛然而止，聂政取刀刺死了韩王……

大仇得报，聂政因担心连累其母，遂自剥面皮，毁裂身体，自杀身亡。

韩人将聂政尸体曝于街市之中，悬重金其侧，求其身份。

有一天，一位妇人风尘仆仆赶到韩都市中，抱尸痛哭。在说出聂政身份之后，妇人自断经脉而死。

《琴操》说，此人是聂政的母亲。

这个与《史记·刺客列传》所载大异其趣的故事曾在民间广为流传，只是不知从何时开始，它与一首著名的古琴曲《广陵散》联系了起来。此曲的内容虽然说法不一，但因其谱中有"取韩"、"投剑"等小标题，所以历来多被认为表达的内容正是"聂政刺韩王"。

关于《广陵散》的来历，瑞典汉学家林西莉女士在《古琴》一书中述及，"竹林七贤"之一的嵇康在洛阳以西的某处夜宿时，遇到了一个鬼魂，并与之进行了长时间的交谈，所谈内容与古琴和音乐理论有关。在这次交谈的最后时刻，鬼魂弹奏了一曲《广陵散》，并且传授给了嵇康，但同时也要求嵇康绝不可传于他人。

公元 262 年，四十岁的嵇康因卷入官司，被处以极刑。传说在东市行刑之前，嵇康拿出古琴弹奏了一曲《广陵散》。曲毕，嵇康长叹："《广陵散》于今绝矣！"

不知是嵇康违背了对鬼魂的承诺还是另有其他原因，《广陵散》最终并没有烟消云散，它诡异地传承了下来——很长一段历史时期内，《广陵散》琴谱不见踪迹，但在明代朱权所编的《神奇秘谱》中，却又神奇地出现。朱权声称，《广陵散》"世有二本，今予所取者，隋宫中所收之谱"，此谱自"唐亡流落于民间有年，至宋高宗建炎间，复入广御府，经九百三十七年。予以此谱为正，故取之"。

现存《广陵散》，是由著名古琴演奏家管平湖先生（1897～1967）整理、打谱、复原的，共计四十五段，每段都有一个小标题，包含了聂政短暂人生中的各个重要片断：取韩、含志、沉名、微行……全曲慷慨、激昂，充溢着浓厚的英雄气和悲剧意味。

《广陵散》据说是中国现存古琴曲中唯一具有戈矛杀伐之气的乐曲，故而不受统治者喜欢。宋代学者朱熹曾评论说："其曲最不和平，有臣凌君之意。"

朱熹是站在统治者的立场来评价《广陵散》的，所以他认为《广陵散》违背君臣之道，不够和谐。但在底层小民看来，这隐含杀气的古曲却成了反抗暴政的象征。

九

聂政的事迹笼罩着层层迷雾。

从《战国策·韩策》到《史记·刺客列传》，到《琴操》，到《棠棣之花》，再到禹州聂政台的解说词，聂政身后的形象始终处于不断"变形"之中。这一点，与其他几位刺客如专诸、要离、豫让等人形成了鲜明对照。

历史故事流传的一个基本常识就是，越早期的记载越可信，后来随着时光流逝，故事原本的朴拙、粗糙去掉了，记述越发圆润、完整，即便可能有新史料的加入，但也有更多人为加工的成分。

从这个角度来说，《战国策·韩策》关于聂政的记载，可能最接近历史，而且它的叙述很客观，是单纯的历史记录。

《史记·刺客列传》取材于《战国策·韩策》，基本史实未变，但司马迁做了权衡取舍，大概又补充了新的史料，使之更为清晰、丰富，而且倾注了强烈的个人情感。他推崇的是聂政的人格魅力。

《琴操》属于借题发挥，本就不在历史范畴之内，只能当作纯粹的民间故事。

《棠棣之花》作为话剧创作，也不在历史范畴之内，但郭沫若在创作过程中，并没有脱离具体的历史情境，这从他自己撰写的创作感想中可以看出；他对聂政故事的修改，在于舍弃了司马迁推崇的极端个性色彩，而突出了聂政"舍身报国"的"崇高"行为。

至于聂政台的解说词，在随意篡改史实的同时，又掺杂了明显的意识形态色彩，完全是对历史的蔑视和无知。

《史记·刺客列传》之后，对刺客聂政的种种"变形"，实际上反映着不同人群和不同时代的实际需要，其意味深长之处，不在于反映出历史本身有多么复杂，而在于历史的撰写者是多么难以捉摸。

但这种种"变形"，在解福祺老头看来，或许都是令他不满意的。

在泗涧村聂政祠，送我过去的司机盯着聂政的塑像问道："聂政是个什么人？"我说："是个刺客。"司机惊讶地问道："刺客还要供奉吗？"我刚想回答，解福祺接过话茬说道："聂政不仅是刺客，还是个将军。"

我这才想起，在村头问聂政祠怎么走时，乡人曾反问道，是将军庙吧？

　　　　　　　聂政：刺客"变形记"

　　解福祺匆匆忙忙赶往田间去了，另一个老头解雪芳站在聂政祠门口，目送我远去。老哥俩一直在四处搜集聂政的资料，他们希望把这刺客的故事讲得更完整一些。

　　从解福祺老头嘴里得知，聂政祠的确被称作将军庙，每到初一、十五，总有人来敬献香火，祈求平安。

　　可是聂政怎么会是将军呢？

　　面对我的疑问，解福祺老头轻描淡写地说道："你可以多看些古书。"

　　我不知道是哪些古书。

　　我又问，为何把聂政的脸涂成红色？他说，聂政的脸就是红的。

　　过了会儿，他又说，聂政跟关公一样，都是红脸，是忠臣。

至邺，矫魏王令代晋鄙。晋鄙合符，疑之，举手视公子曰：“今吾拥十万之众，屯于境上，国之重任，今单车来代之，何如哉？”欲无听。朱亥袖四十斤铁椎，椎杀晋鄙，公子遂将晋鄙军。

——《史记·魏公子列传》

朱亥

配角的精彩人生

朱亥：

配角的精彩人生

清朝画家吴历所绘的"夷
门访贤"图，描绘了信陵君魏
无忌拜请夷门侯生的场景。

他不在《史记·刺客列传》之中，虽然他确曾杀过人，而且杀的是位高官。

后世的人们，有时也曾把他与刺客们相提并论，比如曹沫、专诸、要离、豫让、聂政等。这些大名鼎鼎的刺客，在史传中早已拥有各自独立的篇章：曹沫劫盟、专诸刺王僚、要离刺庆忌、豫让刺赵襄子、聂政刺韩傀……故事千载流传，成为舞台上的戏剧，曹沫们则是这些戏剧无疑的主角。

但他在后世的遭际要黯淡许多，人们提到他之前，要绕一个大大的弯儿，先说信陵君，后讲"夷门侯生"，最后才会提到他的名字——朱亥。

他是一个配角。或者说，他是被历史当作配角记住的。

他参与的这场大戏，后世称之为"窃符救赵"；他出场的那一幕，则被称作"矫杀晋鄙"，即便在这一幕中，他也是配角，因为他只负责"杀"，"矫"的功劳归于信陵君魏无忌。

公元前257年，朱亥在邺地（在今河北省邯郸市临漳县）以铁椎击杀魏将晋鄙，帮助信陵君魏无忌控制住了晋鄙所率的十万大军。然后，信陵君挥师北上，在赵国国都邯郸（在今河北邯郸）城下大败围城的秦国大军，使赵国避免了过早亡国的噩运。

这一重大历史事件，牵涉以信陵君魏无忌为首的许多关键人物，这些人物环环相扣，而朱亥仅仅是其中之一环，他发挥作用的时间也不过转瞬之间，但这一瞬间已经足够影响历史的走向。从这一点来说，朱亥虽是配角，其重要性却堪比主角。

正如前面所说，在讲述朱亥故事之前，必须绕一个弯子，从信陵君魏无忌说起。

　　开封是一个节奏舒缓的城，曾经的皇都身份，赋予它一种雍容的气质。
这种气质，只有深入到这城市的细节之中，才能体会出来。开封的建城史已有
三千年，但建都的历史则始于战国。公元前 364 年，魏惠王魏䓨把都城从安邑
（在今山西夏县）迁至大梁，即今开封东南。

　　　　　　　朱亥：配角的精彩人生

魏无忌是魏昭王魏遫（音速）之子、魏安釐（音西）王魏圉同父异母的弟弟。公元前 276 年，魏圉即位之后，封魏无忌于信陵，故称信陵君。信陵大约在今河南省商丘市宁陵县，地处河南省东缘，与山东省菏泽市相近。我曾到宁陵县城探访，当然，并没有看到任何与信陵君相关的遗迹，只见到贯穿县城十余里的东西大街被称作"信陵路"。

根据《史记·魏公子列传》的记载，魏无忌仁而下士，从不以富贵骄人，所以方圆数千里之内的士人争往归之，以致门客多达三千人。列国闻知魏无忌贤明，且门客众多，故而十余年不敢对魏国用兵。

但魏无忌所在的时代，已是战国后期，"五霸"的时代早已过去，"七雄"的纷争也已接近尾声，世道人心早已不同。环视天下，秦国之强如日中天，渐渐露出一统天下的野心；赵国在公元前 307 年赵武灵王赵雍"胡服骑射"大变革之后，实力突增，处处与秦国抗衡；南方的楚国虽然走了下坡路，但依然保持着强大的威慑力；而其他国家，包括曾经烜赫一时的魏国、齐国在内，全都日渐凋零，成为强国们的陪衬。

对于当时的国际局势，魏无忌有着极清醒的认识，所以当魏安釐王魏圉打算亲近秦国而攻打韩国时，魏无忌立即表示反对。《史记·魏世家》详细记载了魏无忌的劝谏之词，其核心内容即是：秦国野心日增，绝不会真心把魏国当作朋友看待；若魏、秦联手灭了韩国，则韩国必为秦国所有，而韩国都城新郑与魏国都城大梁（在今开封）相邻，秦要想灭魏不过是举手之劳；最终的结局无非是"天下西向而驰秦入朝而为臣"——列国都将灭于秦人之手。

说白了还是那句老话：唇亡则齿寒。

魏无忌的才华和能力，魏圉无疑是知道的，但魏圉并不因此感到高兴，

　　作为中国著名的佛寺之一，开封大相国寺的历史十分悠久，相关的记载也可谓详备。但说它曾是信陵君魏无忌故宅所在，却不得不在前面加上"据说"二字。

　　　　　　　　朱亥：配角的精彩人生

而是心生忧虑——一个才华出众而且门客众多的人，能安心做臣子么？

时日既长，魏圉对这个弟弟的感觉不再只是担忧，他还隐隐嗅出了一丝威胁。

某一日，魏圉正和魏无忌下棋，魏国北境忽然传来警报，说赵国发兵进犯，眼看就要进入魏国境内了。魏圉一听，心中惊慌，立即丢下棋子，准备召集群臣商议对策。魏无忌却不慌不忙拉住魏圉："继续下棋吧，那不过是赵王在打猎罢了，何来犯边之说？"魏圉半信半疑地坐下继续下棋，但心思早已不在棋盘上。过了一会儿，又有消息传来，果然是赵王在打猎。魏圉大惊，忙问魏无忌："这事儿你是怎么知道的？"魏无忌轻描淡写地说道："我的门客中，有人能够深入赵国内部，探知赵王的动向，举凡赵王有所行动，那门客就会向我报告的。"魏圉听了，才知道魏无忌能量之大，已到了如此地步，再这样下去，恐怕会威胁到自己的王位。从此以后，魏圉再不让魏无忌插手魏国大事。

而魏无忌却不以为然，继续招贤纳士，门客比以往反倒更多了。

"夷门侯生"就是在此前后进入了魏无忌的视野。

三

地处豫东平原中心地带的开封，号称"七朝古都"，其建城史据说已有三千年。如今城中尚有大量古迹存在，但多为宋代风物，如开封府、包公祠等等。著名的大相国寺，历史更为久远一些，始建于公元555年（北齐天宝六年），但据说寺院所在的地点原本是信陵君魏无忌的故宅——这大概是偌大开封城中与魏无忌关系最为紧密的遗迹了，尽管时光流转，这里早

由于紧邻黄河，开封在历史上多次经历洪水之灾。现存的古城墙为清代道光年间修复，基本保持着元、明时期的风格与规模。战国时期的魏都大梁城，早已湮埋于地下。考古发掘证实，魏大梁城与现存的古城有所重合，稍偏西北。

　　　　　朱亥：配角的精彩人生

已成为佛教徒们的修行之所。

旅行者到达开封，还有一个必去的地方——铁塔公园。据说开封人有句老话："到河南不到开封，就不算到河南；到开封不到铁塔，就不算到开封。"可见铁塔对于开封的重要性。那塔初建于公元 1049 年（北宋皇祐元年），通体铁褐色琉璃砖，高高矗立，气度非凡，为古"汴京八景"之一，自是观光的好去处。但寻常人未必知道，从铁塔初建再向上追溯一千三百多年，这里却是魏国都城大梁的夷门所在。

夷门即大梁城的东门，因其面对夷山而得名。

虽然只是区区一座城门，大梁夷门却颇有声名，历来有许多诗人词客对之吟咏赞叹。我最喜欢的两句是北宋黄庭坚所写：

风吹棠棣花，一枝落夷门。

俯仰少颜色，萧萧烟景昏。

夷门之所以受到如此关注，是因为它与一个人有关，这个人就是"夷门侯生"。

公元前 3 世纪六七十年代，或者跨度还要更长的一段时间，那"侯生"就在这夷门做守门的工作，因此得了"夷门侯生"的称号。

他的名字叫侯嬴，已经七十多岁了，家境贫寒，但颇有才华和德行，司马迁在《史记·魏公子列传》中称侯嬴为隐士。大隐隐于市，夷门侯生可谓大隐。

不知是在哪一年，求贤若渴的魏无忌听说了侯嬴的名声，便亲自登门拜访，并送去一份厚礼。那守门人不假思索地推辞了："几十年来，我修身养性，坚持操守，做个看门人虽然日子清苦了些，但也绝不会因此就接受公子这份厚礼。"

魏无忌大概以为侯嬴嫌礼节不够隆重，于是挑选了一个好日子，置办

　　开封铁塔始建于 1049 年，1961 年成为中国首批公布的国家重点文物保护单位，素有"天下第一塔"的美称。铁塔高 55.88 米，八角十三层，因此地曾为开宝寺，故称"开宝寺塔"，又因遍体通砌褐色琉璃砖，有如铁铸，又称"铁塔"。

167

酒席，大宴宾客，到场者都是魏国的将相宗室，一时高朋满座。众人坐定后，魏无忌却没有入席，他带领车骑随从，径自出门了——车上左边的位子，魏无忌特意让它空着。众人心想，这定是要去请一个更为尊贵的客人。

车子出了魏无忌府第，直奔夷门而去。

侯嬴听闻魏无忌来请，倒也不推辞，随手整理了一下破旧的衣帽，便登上车，毫不客气地坐到了左边的位子上。侯嬴是想借此观察魏无忌的态度，看他是否真心相请。而魏无忌则手握马的缰绳，一副恭敬的模样。

马车缓缓出发，从夷门向魏无忌府中驶去。还没走多远，侯嬴忽然对魏无忌说道："我有个朋友在市场里做屠夫，希望公子能委屈一下，绕道从他那里经过。"魏无忌连连答应，驾车赶往街市之中。

侯嬴的朋友是个屠夫，此刻正在市场上忙碌。忽见人声喧哗，远远来了一队壮观的车马。车停了，守门人侯嬴费力地从车上下来，当街与屠夫聊起天来。也不知二人说了些什么，但却像好友久别重逢，滔滔不绝，旁若无人。侯嬴一边与屠夫闲谈，一边不时斜眼看看魏无忌。

街市上的人越聚越多，他们吃惊地发现，堂堂的魏国公子魏无忌正手执缰绳、态度恭敬地等候夷门的守门人，而那守门人却好像丝毫不在意，径自聊着闲天。市人当然不知道，此时魏无忌的府第中，满堂尊贵们已然等候多时，盼着魏无忌赶紧回去举酒开宴。市人不知，魏无忌的随从们却知道得一清二楚，他们早已等得不耐烦，心中暗骂侯嬴无礼。

良久，侯嬴见魏无忌神色温和、恭敬如初，心想目的已经达到，于是辞别友人，登车。

到得府中，魏无忌将侯嬴引至上座，向众宾客一一介绍，其间自然少不得赞美之词。众人听了，都觉惊讶万分。

酒酣之际，魏无忌又起身为侯嬴祝寿。侯嬴趁机对魏无忌说道："今日我侯嬴故意为难公子，都快做过头了吧。我不过是夷门的一个守门人，公子却委屈车马，亲自到大庭广众之中去迎接我。这种情况下，我本来不该再去拜访朋友，公子竟屈尊陪我前往。其实我也想成就公子的名声，所以才故意让公子的车马在街市上久候。公子态度如此谦恭，所以观者都以为我侯嬴是小人，而公子却是能够礼贤下士的高尚之人啊！"

从此之后，侯嬴便成了魏无忌的贵客。

某一日，侯嬴对魏无忌说道："那次我专门去拜访过的屠夫，公子还记得吧？此人贤能，可惜世人不了解他，所以他才隐于市屠之间。"

魏无忌听了，数次前往拜访，那屠夫却故意不回拜答谢，这让魏无忌颇觉奇怪。

这位屠夫，即是"配角"朱亥。

四

朱亥的身世极为模糊，我遍查各种史籍，未见任何相关记载。后来得到的资料，也都是来历莫辨的民间传说，称朱亥的故里在朱仙镇。

朱仙镇的名头是很大的，历史上发生在那里的最有名的事件，就是南宋岳飞在此大败金兵，取得朱仙镇大捷。唐宋以降，朱仙镇作为水陆交通要道和商贾汇聚之地，逐渐发展起来，至明代更是成为开封地区惟一的水陆转运码头，繁华日盛，并因此与广东的佛山镇、江西的景德镇、湖北的汉口镇并称全国四大名镇。但如今的朱仙镇，早已失去往日的风华，不过豫东地区一座普通乡镇，据以闻名的，除了久远的历史，还有风格古朴的朱仙镇木版年画。

朱仙镇位于开封西南约二十公里，汽车不过几十分钟即可到达。镇子北头，有一个小小的广场，弥漫在来往车辆扬起的灰尘之中。广场上立着一块石碑，正面写着三个大字"朱仙镇"，背面则是一段简介文字，讲述

　　外地人对朱仙镇的了解，基本集中在两个方面：岳飞在此取得的"朱仙镇大捷"以及大名鼎鼎的朱仙镇木版年画。再往后，是岳飞庙、清真寺，然后才可能是朱亥，尽管朱仙镇的名字"据说"与朱亥有莫大关系。朱仙镇北，有一个村子名叫仙人庄，"据说"就是朱亥故里。

朱仙镇的悠久历史，其中提及，那著名屠夫朱亥的墓就在镇子北边的田野中……我向当地人询问朱亥墓的具体位置，却无人知道。一位老者甚至告诉我，这里根本就没有过朱亥的墓，他从小在这里长大，听说过朱亥的名字，但从来没见过朱亥的墓。

有很多人是见过朱亥墓的，只不过，他们都是古人，活在一千多年前。

这些人中，有的名气不算太大，比如宋代的黄庶（当然，他的儿子很有名，叫黄庭坚），他写有一首名为《过朱亥墓》的诗：

> 枯林寒草墓丘墟，等是当年一丈夫。
> 地下若知应笑死，衣冠今日有屠沽。

也有名气大的，比如苏轼，他写的那首诗，题目有点长，叫《朱亥墓，俗谓屠儿原》：

> 昔日朱公子，雄豪不可追。
> 今来游故国，大冢屈称儿。
> 平日轻公相，千金弃若遗。
> 梁人不好事，名字寄当时。
> 鲁史盗齐豹，求名谁复知。
> 慎无怨世俗，犹不遭仲尼。

如此看来，至迟在宋代，开封地区还可见到朱亥之墓，只是具体地点已不可考证了。

那天，我和老者在小广场上闲聊许久，所听到的朱亥故事，也多半是传说，比如朱亥死后做了神仙，这就是朱仙镇名字的来源。他还说，后世的屠户尊朱亥为屠宰业的老祖宗，有如木匠们尊奉鲁班……

我们背后，高高矗立着的，是南宋抗金将领岳飞的塑像，他如今好比朱仙镇的名片。公元 1140 年，岳飞取得朱仙镇大捷后，正欲挥师收复东京开封，却在一日之内收到皇帝陛下的的十二道金牌，令其收兵。岳飞扼腕长叹："十年之功，毁于一旦。"最终，以"莫须有"之罪名，岳飞被毒死于临安（在今浙江杭州）大理寺风波亭。

不知岳飞是否曾经过朱亥墓，也不知他对朱亥持何种态度，但后人却毫无障碍地将他们两人联系在了一起——朱仙镇岳庙山门原有一幅楹联，书云：

> 若斯里，朱仙不死，知当日金牌北召，定击碎你这极恶滔天黑心宰相；
> 既比邻，关圣犹生，见此间铁骑南旋，必保全我那精忠报国赤胆英雄。

在朱仙镇最繁华的地段，岳王庙与关帝庙比邻，所以下联中说，若关圣在世，一定不会让岳飞含冤而死。上联的意思则是，如果朱亥不死，必定挥动铁锤，杀死南宋宰相秦桧，以使岳飞的抗金大业得以继续。

把朱亥事迹与岳飞联系起来，有如穿越时空，令人顿生荒诞之感，因为在公元前 257 年，朱亥挥椎击死的，正是如岳飞一样在前线接到命令的魏国将军晋鄙！

五

晋鄙的简历，历史记载极少，《史记·魏公子列传》中，司马迁只说他是魏国将军，其余不着一字。只是后来又借魏无忌之口，称晋鄙为"嚄唶（音货仄）宿将"，足见其勇猛善战，经验丰富。

将军晋鄙是在公元前 257 年奉魏安釐王魏圉之命，率大军十万前去救援赵国的。

此时的赵国，有如秋夜残灯，仅余微弱之一息。公元前 260 年秦、赵两国的长平之战，秦将白起坑杀赵国降卒四十余万，几乎夺尽赵国青壮男

赵国本是东方强国，战国后期，只有赵国有实力与秦国抗衡。但是长平一战，赵国元气大伤，不仅再无实力争雄天下，而且差点成为第一个被秦国吞掉的国家。（绘图 / 王剑）

朱亥：配角的精彩人生

子的生命。几年之后，剧痛中的赵国喘息未定，秦昭王嬴稷又发兵围了赵都邯郸。这一次，秦国的目的很明确，就是要攻破邯郸，一举拿下赵国。

秦军兵临城下，赵公子平原君赵胜急忙向列国求救，但环顾四周，有能力、又有胆量救赵的只有楚国与魏国。赵胜一边携毛遂等门客赴楚求援，一边遣使致信于魏，请求魏国发兵救援。

平原君赵胜之所以向魏国求援，除了魏国与赵国地理接近之外，还因为他与魏圉、魏无忌之间另有一层关系：赵胜的夫人正是魏无忌的姐姐。赵胜以为，有了这层关系，魏国必然不会坐视邯郸城破。而事情也果真如他所料，魏圉得信之后，随即派将军晋鄙率领十万大军往救邯郸。

可惜，事情并不顺利。秦昭王嬴稷得知魏国出兵，立即派遣使者至大梁，警告魏圉："我攻邯郸，旦暮且下，诸侯有敢救赵者，待我灭了赵国，必先移兵击之！"魏圉闻之惊恐，忙使人传令晋鄙，把十万大军驻留在邺地，没有王命，不得前进半步。

邺地距赵都邯郸，已是近在咫尺，魏圉令大军驻留此地，既不前进，也不后退，首鼠两端，左右观望。但邯郸被围多日，城中民困兵乏，已近崩溃之边缘，如今魏国十万大军距邯郸不过数十里，却迁延不进，怎不令赵胜心急如焚？

于是，赵胜派出的使者连续不断，车子一辆接着一辆。不仅如此，赵胜在向魏圉求援的同时，又写信责备魏无忌："我赵胜之所以与魏国联姻结亲，就是因为公子你为人高义，能解人之急困。如今邯郸危在旦夕，眼看就要落入秦人之手，公子急人之困的表现又在哪里呢？况且，就算公子不把我赵胜放在眼里，弃我于不顾，难道就不可怜你的姐姐吗？"

此情此景，令魏无忌忧惧难安，但也无计可施。因为此时魏安釐王魏圉早已不敢将国之大事交付魏无忌处理，何况还有秦昭王嬴稷的威胁。

事实上，根据《史记·鲁仲连邹阳列传》的记载，魏圉在下令晋鄙停止前进的同时，还干了另一件事：他派遣将军新垣衍悄悄赶赴邯郸，通过平原君赵胜的关系见到了赵孝成王赵丹，劝说赵丹与魏圉一起，尊奉秦昭

　　邯郸市中心的赵武灵王丛台遗址。信陵君魏无忌在打定主意"窃符救赵"之时，应该已经做好了不再返回魏国的准备。他在邯郸客居了十年。

　　　　　　　　朱亥：配角的精彩人生

王赢稷为帝。新垣衍的理由是，以前秦国就和齐国一起同时称过帝（即所谓西帝、东帝），只不过后来迫于压力取消了帝号；如今齐国势弱，列国之中只有秦国称雄天下；此番秦围邯郸，并非为了灭赵，而是显示一下威力，重新称帝；因此，只要赵国尊奉秦王为帝，秦国就会立即罢兵而去。

魏圉这个策略除了显示自己的短视和无知，并无其他作用，但在陷入绝境的赵国却差点奏效。幸亏游历邯郸的齐人鲁仲连力驳新垣衍，才使得这个愚蠢计划破产。

但魏圉依然按兵不动。

当魏无忌和众门客、辩士挖空心思说服魏圉的努力宣告失败之后，魏无忌终于陷入无可自拔的绝望之中。思来想去，魏无忌决定绕过魏圉，以一己之力，拼死援赵。于是组织门客卫士约百余乘（音胜，每乘即一车四马，外加兵士若干），出发奔赵而去。

车队经过夷门时，须发皆白的侯赢早已候在那里。魏无忌把自己的计划详细告知侯赢，希望他能同行。侯赢却说："公子你好好努力吧，老臣就不跟着去了。"

行过数里，魏无忌越想越觉不快，自忖道："我对待侯赢不算薄了，天下无人不知。如今我将赴死地，侯赢居然没有片言只语送我，难道是我做得不对么？"疑虑难消，遂引车返至夷门。

那侯赢看见魏无忌回来，脸上不由泛出一丝笑意："我知道公子会回来的。"

魏无忌问道："为何？"

侯赢说："公子爱士，名闻天下。如今为救赵国之难，因为一时想不出别的办法，就要亲自上战场与秦军拼命，这就如同以肥肉投饿虎，能起什么作用呢？如此，要我们这些宾客又有何用？公子待我侯赢情深义厚，公子出发而我故意不送行，是因为我知道公子心中恼恨，一定还会回来的。"

魏无忌由此得知侯赢早已有了计谋，于是连忙拜谢侯赢，并问以对策。

侯嬴的计策虽不复杂，但实施起来也颇有难度，即"窃符救赵"。

六

所谓"符"，即兵符。

在战争中使用符节的制度起源很早，黄帝时代即有"合符釜山"的传说。西周时，兵符开始在战争中广泛使用，多为玉制，既是身份凭证，也是权力象征。及至战国时代，兵符已经是由青铜制成，多呈虎形，故称"虎符"。符上契刻着相关文字，然后一剖为二，朝廷与领兵大将各执一半。若有调兵遣将之需，朝廷即派使者持"君符"赶赴大将军营；大将把自己的"将符"与"君符"合符之后，才接受命令调兵。

历来对兵符的使用都极为谨慎，比如著名的"新郪虎符"，系战国晚期秦国攻占魏国的新郪之后，颁发给秦国驻新郪将领的虎符，上面嵌有错金铭文四行：

　　甲兵之符，右在王，左在新郪。凡兴士被甲，用兵五十人以上，必会王符乃敢行之。燔燧事，虽无会符行殿。

这段铭文显示，除非有烽火警报，凡调兵超过五十人的军事行动，都必须以虎符作为凭证，不合符则不能发兵。

公元前 257 年，魏无忌想要调用的兵，足有十万，而虎符却分别掌握在魏安釐王魏圉和将军晋鄙手中。

要想从魏圉手中拿到虎符，除了偷，别无更好的办法。

　　　　　　　　朱亥：配角的精彩人生

但是谁有机会去偷呢？

侯嬴推荐的这个人，是个女人，史籍不传其名，只称其为如姬，是魏圉最宠幸的妻妾。虎符就放在魏圉的卧室内，只有如姬有机会从那里进出，把虎符偷出来。

但是，如姬愿意去偷吗？

侯嬴以为，若魏无忌开口请求如姬，如姬必然答应，因为魏无忌曾有恩于如姬。

那段往事，魏无忌或许早已忘记，侯嬴不知从什么渠道得知，却记得清清楚楚。当年，如姬的父亲遭人杀害，为报父仇，如姬四处找人，自魏王以下的群臣，却都没能帮其实现这个愿望。后来如姬向魏无忌哭诉，请其报仇，魏无忌遂使门客找到那仇人，斩其头颅，敬献如姬。自此以后，如姬对魏无忌感恩不尽，甘愿为其效命而死，只是一直没有机会罢了。

侯嬴说："若如姬盗得兵符，公子就可以夺晋鄙之军，北救赵而西退强秦，这是堪比春秋五霸的功业啊！"

魏无忌依计而行，如姬果然盗得兵符。

趁魏圉尚未发觉，魏无忌准备率领自己的门客再次出发。侯嬴叮嘱他道："将在外，主令有所不受，只要于国家有利即可。公子须知，即便到了邺地，两符相合，晋鄙也有可能不交出兵权，而再次请示魏王，那样会非常危险。就让我的朋友朱亥随你一起前往邺地吧，他是勇士，力大无穷。晋鄙若听从公子的调遣，那最好不过；若不听从，可令朱亥杀之。"

魏无忌闻之泪下，侯嬴道："公子是怕死么？为何哭泣？"

魏无忌答曰："晋鄙乃魏国宿将，勇猛强悍，经验丰富。我到邺地，恐怕他不会听从命令，到时候只能杀了他。我落泪是为晋鄙难过，怎么会怕死呢？"

另一边，朱亥早已做好准备。待魏无忌登门相请时，朱亥笑道："我不过市井间一屠夫，有劳公子多次登门来访了。我之所以不回拜答谢，只是因为那些繁文缛节都没什么用。如今公子有急，正是我该效命之时啊！"

绕了很大一个弯子之后，刺客朱亥终于正式登台亮相，而此时，"夷门侯生"却已临近生命的终结。魏无忌向侯嬴辞行时，这年迈长者说道："我应该追随公子前去，可惜人老不中用了。公子且行，我将在这里数着公子的行程，等公子到达晋鄙军营的那一天，我将面向北方自刎而死，这也算是为公子送行吧。"

于是众人诀别，侯嬴独立夷门，目送浩浩烟尘绵延北去。

七

事情果真如侯嬴所预料的那样，晋鄙合符之后，忽然起了疑心。

魏无忌持符来见晋鄙时，说是奉了魏王的命令，由自己取代晋鄙的将军之职。

晋鄙能够独领十万大军，想来颇受魏圉倚重。魏圉不敢重用魏无忌，此事虽未明言，晋鄙大约也是知道一些的。现在魏无忌忽然前来，所传王命与此前大相径庭，虽有虎符为凭，晋鄙却不敢掉以轻心。

"我拥十万之众，屯于边境之上，此乃国之重任。如今公子竟然单车来代替我，这是怎么回事呢？"

晋鄙拒绝接受命令。

但事情的进展已不受晋鄙控制，他话音刚落，紧随魏无忌的朱亥已从袖中取出四十斤大铁椎，椎杀晋鄙。

朱亥这致命的一击，不过转瞬之间，却成为整个事件的转折点。

魏无忌手持兵符，通令全军："父子都在军中者，父亲可以归乡；兄弟都在军中者，兄归；没有兄弟的独生子，也尽可回家奉养双亲。"如此一番整顿之后，得精兵八万。

于是大军开拔，直击秦军。双方激战，秦师大败，邯郸之围遂解，赵国得以逃脱亡国噩运。

魏无忌受到赵国的隆重接待，赵孝成王赵丹和平原君赵胜亲自出城相迎。赵丹连连拜谢："自古贤人，没有能比得上公子的。"一向自视甚高的赵胜，则背着魏无忌的箭囊，在前面引路……

此时，大梁夷门，侯嬴面向北方，已然自刭而死。

八

晋鄙该不该杀？这个问题也有争论。

有人说，晋鄙该杀，否则邯郸必失，魏国也难以幸免，恐怕亡国的时间要提前。

也有人说，晋鄙不该杀，因为晋鄙乃魏国宿将，杀了他，魏国实力受损，日后再与秦军作战时，更显不堪。但邯郸不能不救，因此，魏无忌或许可以采取折中之办法，不必杀死晋鄙，只需将其囚禁起来即可……

更有人说，无论杀还是不杀晋鄙，对于历史的走向都无关紧要，因为秦国的大一统乃是大势所趋，潮流不可阻挡。这是典型的虚无主义论调。

我认为晋鄙该杀。大的方面已不必说，单说小的方面：如果不杀晋鄙，只是将其囚禁起来，谁能担保魏军军心不乱？毕竟，这是晋鄙率领的军队，其中自然有铁心追随晋鄙者。侯嬴之所以建议魏无忌决然杀死晋鄙，一是为了消除后患，二来也可起到一种威慑作用，使有心作乱者不敢有所为。魏无忌则恩威并举，杀死晋鄙之后，又在军中布行仁德，既提升

　　位于今河南省灵宝市北的函谷关，见证了信陵君魏无忌率五国联军追击秦兵的壮举。只是这客居邯郸十年的魏公子，在彼时的喜悦和豪迈中，无从料想自己的人生至此已近终结。

　　　　　　　　　　朱亥：配角的精彩人生

了自己的威望，又精简了部队，使战斗力得以有效提升。

晋鄙之死，虽令人觉得可惜，但亦属不得已而为之。

晋鄙死后，魏无忌自觉魏圉必然恼怒，所以令魏军悉数返国，自己则与门客留在了邯郸。

这一留便是十年。

十年之后，公元前247年，秦国派遣大将蒙骜攻魏，连陷高都（在今山西晋城）、汲县（在今河南卫辉），大军深入魏境数百里。魏安釐王魏圉日夜惊恐不安，遣使赴邯郸，请魏无忌归魏抗秦。魏无忌起初不肯归，后来在赵国处士毛公、薛公等人劝说下，终于率朱亥等门客一起返国。魏圉以上将军印授予魏无忌，魏无忌则遣使遍告诸侯，请求发兵相助。是年，魏无忌率五国联军大破蒙骜之兵，并乘胜追击秦军至函谷关，一时威震天下。

但所谓"盛极而衰"，此后魏无忌逐渐滑向人生的末路。秦庄襄王嬴异人花费重金收买晋鄙的门客，在大梁散布谣言，称魏无忌欲南面而王。此类流言不时传至魏圉耳朵，终于再度击溃他对魏无忌的信任，从魏无忌手中收回了兵权。

从此以后，魏无忌称病不朝，夜夜笙歌，流连于醇酒美色之间，毫不怜惜地消耗着自己的生命。四年之后，公元前243年，魏无忌终因饮酒过度而死。这一年，在位三十四年的魏安釐王魏圉也死了。

十八年后，魏亡。

九

关于刺客朱亥的结局，正史中没有任何记载。但民间传说，他跟随信陵君魏无忌返回魏国后，做了魏无忌的副将，后来举家迁回了故里朱仙镇。

但在朱仙镇的小广场上，那老人却说朱亥没有回到故乡，他最终死于秦王之手。

朱亥的故事毕竟有些血腥，而且过于久远，所以旅行者在开封更多是为了摸索寻味宋代的风度与繁华。孟元老在《东京梦华录》中曾把这城市描绘得如梦如幻："灯宵月夕，雪际花时，乞巧登高，教池游苑。举目则青楼画阁，绣户珠帘，雕车竞驻于天街，宝马争驰于御路。金翠耀目，罗绮飘香。新声巧笑于柳陌花衢，按管调弦于茶坊酒肆。八荒争凑，万国咸通。集四海之珍奇，皆归市易，会寰区之异味，悉在庖厨。花光满路，何限春游，箫鼓喧空，几家夜宴……"

　　　　　　　　朱亥：配角的精彩人生

这一说法，我在《东周列国志》中曾见到。书中说，魏无忌以五国联军大破秦军之后，秦庄襄王嬴异人打算以修好为名，诱使魏无忌入秦，伺机杀之。魏无忌知其阴谋，不愿前往，遣朱亥为使，奉璧一双答谢秦王。秦王闻知朱亥乃魏国勇士，有意封其官职，朱亥坚辞不受。秦王大怒，令左右将朱亥关入虎圈中，欲以此胁迫朱亥就范，不料朱亥怒视猛虎，眼眶崩裂，鲜血溅于虎身，令猛虎战栗恐惧，趴在地上动也不动……

秦王又将朱亥囚于驿舍之中，断绝其饮食。朱亥自语道："我受信陵君知遇之恩，当以死报之！"遂以头撞屋中木柱，结果柱子折了，朱亥却无事……

最后，朱亥以手自探其喉，绝咽而死。

这段充满传奇色彩的描述读之令人血脉贲张，虽无史实依据，倒也为这"配角"的一生增添了极其精彩的一笔。

荆轲取图奏之，秦王发图，图穷而匕首见。因左手把秦王之袖，而右手持匕首揕之。未至身，秦王惊，自引而起，袖绝。拔剑，剑长，操其室。时惶急，剑坚，故不可立拔。荆轲逐秦王，秦王环柱而走。群臣皆愕，卒起不意，尽失其度。

——《史记·刺客列传》

荆轲

个体与国家的纠缠

荆轲：
个体与国家的纠缠

武梁祠汉画像上，荆轲刺秦的一瞬间被牢牢定格。

耐人寻味的是，这一瞬间并非著名的"图穷匕见"，而是在这之后：秦王嬴政从荆轲手中逃脱，四处乱转，跑到了一根柱子后面。画面上嬴政伸手指向荆轲，似乎在说着什么，可能是在叱责、痛骂荆轲，也可能是呼喊卫士捉拿刺客；一把匕首钉在柱子上，而且还穿透了柱子，露出的尖端部分至少占整个匕首的三分之一；那依然飘着的丝带和荆轲高高扬起的手表明，这把匕首刚刚从他手中掷出。

司马迁在《史记·刺客列传》中说，这是一根铜柱。

令人惊讶的，是画面最右方的荆轲，他似乎并没有被嬴政的长剑所伤，而是被一个膀大腰圆的卫士拦腰抱起，也就是说，他被活捉了。这一情景同样不见于《史记·刺客列传》。

一

在遍地古迹的陕西，秦咸阳宫遗址极少被旅行者关注。与同在西安附近的秦陵兵马俑相比，这里不仅落寞，而且还有几分凄凉。陕西的一份报纸上说，2005年秦咸阳宫遗址博物馆的年收入是400元。这个数字，与同年兵马俑博物馆的1.8亿收入相比，就像一则笑话。

2006年的报道，似乎已是陈年旧事。但我在2010年春天来到咸阳郊外的这座博物馆时，一切似乎都没有变化，依然是门可罗雀。百无聊赖的馆员坐在办公室里翻看报纸，忽然见有人来，竟表现出些许激动。陈列室的锁被轻轻打开，灯也亮起，沙盘、瓦当、陶罐、壁画、考古发掘的照片，次第在温暖灯光下闪现光泽，两千多年前的帝都渐渐显出轮廓。

博物馆后面，巨大的黄土塬一派深沉，雨水冲刷过的沟壑中隐约可以见到建筑的痕迹，层层叠叠，曲曲折折，像老人脸上的皱纹。

咸阳宫的宏伟是可以想象的，但项羽一把火烧了它，它就彻底变成了谜，躺卧在关中平原的沃土之下。太多往事都被它当作秘密收藏起来，任后人去猜，去琢磨，终究一言不发。

这些往事之中，应该有荆轲的影子。公元前227年，他和秦舞阳从远方的燕国赶来，就在这曾经宏伟壮丽的咸阳宫中，面见秦始皇帝嬴政。荆轲手中，是一幅燕国进献的地图，上面标注着即将献给秦国的肥美土地。

地图徐徐展开之际，一把匕首的寒光也闪现出来。

几乎所有中国人都知道，荆轲在这里做了什么。但荆轲走到这一步，却经历了漫长的心路历程，其间个人与国家命运的纠缠交织，今天读来，颇有惊心动魄之感。

秦咸阳宫建筑在渭河北岸的黄土塬上。据说，嬴政在统一六国的过程中，每征服一国，就图绘其宫殿，在咸阳仿造重建，是以渭河北岸建成了“冀阙”、“甘泉宫”、“上林苑”等各具特色的“六国宫殿”，连绵不绝。公元前206年，项羽入关，火烧咸阳宫，此地遂成废墟。

二

荆轲的身世稍显复杂，他出生于卫国，但其祖上却是东方的齐国人，原本姓庆，入卫后改姓荆。庆大约是齐国的名门望族，所以即便已经改姓，卫国人依然尊称荆轲为庆卿。

他出生的地方，史籍并无确切记载，但既然是卫国人，大体应在今河南北部一带。我查阅资料时，见到河南《大河报》的一篇报道提及，荆轲的老家在今河南省淇县南关，至今那里尚有荆轲墓。此说来源于淇县地方志的一位专家，名叫燕昭安。

对于地方志的记载，我多半持怀疑态度，何况位置还这么具体。但2009年春天，我还是到淇县去了一趟。不出所料，对于荆轲这样一位不算特别有名的古人，淇县城中并没有多少人知道，更别说荆轲墓的所在了。一路问到南关村，才从一位老先生口中得知荆轲墓的确切位置。正暗自高兴，不料老先生又问了一句："你要找的是哪个荆轲墓？"

"不就一个荆轲墓么？"我颇有些惊讶。

"过去有好几个荆轲墓呢，有的离这儿还挺远。"

老先生的回答让我确信，我即将看到的这个荆轲墓也是不可靠的。两千多年前，荆轲死在遥远的秦国，在那兵荒马乱的年月，他这个刺客的尸体是不可能被运回祖国安葬的。淇县南关的这座荆轲墓，恐怕连衣冠冢的可能性都不大。

南关村外，麦秀渐渐，所谓荆轲墓不过一个长满荒草的土堆。土堆下立着一根石桩，写着"荆轲墓重点保护区"以及"严禁取土"的字样。《大河报》的报道说，此墓原本被村民称作"大冢"，有"三亩地大，两丈多高"。还说日本鬼子、国民党军队都曾盗过此墓，但均无所获，倒是1929年时，一位名叫李道三的师范学校校长从中挖出过一把锈迹斑斑的古剑。

　　远远望去，河南省淇县南关的荆轲墓就像一个乱坟岗，枯树杂草丛生，而且早已被挖得没了墓冢的模样。但是根据它所占的面积推测，当初完整的时候，应该很壮观。当地村民对这座墓的称呼就是"大冢"。

　　山西省晋中市榆次区，一个历史悠久的地方，其地名在战国时就已经出现。公元前 3 世纪后期，荆轲来到榆次，是为了与盖聂比试剑术。按照司马迁在《史记·刺客列传》中的记载，双方话不投机，荆轲最终不辞而别。显然，两人是交恶了。但在历史小说《东周列国志》中，对二人的关系却做了如下描述：

　　话说荆轲平日，常与人论剑术，少所许可，惟心服榆次人盖聂，自以为不及，与之深结为友。至是，轲受燕太子丹厚恩，欲西入秦劫秦王，使人访求盖聂，欲邀请至燕，与之商议。因盖聂游踪未定，一时不能勾（够）来到。

自然，这把未经证实的剑和荆轲应该也是没有关系的，尽管荆轲的身份就是一位剑客。

根据《史记·刺客列传》的记载，荆轲在卫国时好读书击剑，是一个很有理想的年轻人。他曾经向卫国国君卫元君献策，冀望以此实现人生抱负，但卫元君不予理睬。这大概是荆轲一生无数次挫折中较早的一次。但今天看来，这次受挫与其说是不幸，还不如说是幸运，因为彼时卫国势力衰微，国君地位一泻千里，早已从"公"变成了"君"，荆轲若为卫元君所用，又能实现什么抱负呢？

这理想主义的青年由此开始了漫游的生涯。

他到过榆次，也就是今天山西省晋中市榆次区，战国时属赵国之疆域。那里有一位剑客名叫盖聂，据说他因仰慕著名刺客聂政，故而自名。山西本地的报纸说，榆次城北的聂村就是剑客盖聂的故乡，我去看时，却只见到寻常巷陌，在高楼大厦的挤压下，渐趋消失。

荆轲到榆次后与盖聂论剑，但双方话不投机，没聊几句，盖聂即对荆轲怒目而视。荆轲也不多言，转身扬长而去。荆轲走后，有人劝盖聂应该把他找回来，盖聂答曰："他和我论剑，有些地方说得不对，我瞪了他一眼，他居然就走了。我估计现在去找也没用了，荆轲恐怕已经离开榆次。"派人去找，果然，荆轲已然乘车远行。盖聂叹口气道："走就走吧，刚才我瞪他一眼，他居然就怕了。"

这事件的另一版本记录在《榆次市志》中：盖聂与荆轲见面后，彼此坦诚相待，切磋剑术；盖聂发现荆轲虽非等闲之徒，但剑术不精，便悉心指点；然而荆轲的志向却是如苏秦、张仪般游说天下诸侯，出将入相，所以对自己的剑术并不太在意；最后盖聂忍无可忍，熊了荆轲一顿，而荆轲则不辞而别……

地方志的记述总是这么细致、完整，因而越发令人生疑。

荆轲又到了赵国都城邯郸。在这繁华的都市里，他与一位名叫鲁勾践的人玩六博游戏，双方发生争执，鲁勾践发怒叱骂，荆轲却默不作声走开，从此再不与鲁勾践会面。

他可能还去了别的地方，史书没有记载，具体难以猜测。但有一点可以确定，在漫游的这段时光里，荆轲是苦闷的，处在一种茫无所知的困惑之中：他想有一番作为，却又不得门径，于是心中难免生出一丝厌倦。离开盖聂，避开鲁勾践，不是因为荆轲胆怯，是因为他看不到希望，只感到烦躁和厌倦。

他或许觉得，人生就如这六博戏，输赢有什么紧要呢？不过一样消耗时光罢了。

三

在难以排解的苦闷中，荆轲北上，来到燕国。

他迎来了人生的一个重大转折，尽管他初来乍到，尚且看不到燕地与赵地有何分别。

燕市中，万般人物，来来往往，荆轲却与一位名叫高渐离的狗屠成为知己。

高渐离，荆轲一生中或许最重要的一个人物，出身底层，屠狗为生，却有着一种忧郁深沉的气质。这气质不见于任何史籍的描绘，完全出于我的猜测，而这猜测又完全源于高渐离所擅长的一种乐器：筑。

这是一种早已失传的乐器。按照古人的描述，筑为木制，形似琴，有弦，以竹击之，故名曰筑。演奏时，以左手握持，右手以竹尺击弦发音。它的声音，苍凉、激越、悲亢。陶渊明在《咏荆轲》中说："渐离击悲筑。"一个悲字，道出了筑的性格，也描绘出高渐离的气质。

荆轲游历到赵国都城邯郸，曾经与鲁勾践"博"。博就是古代的棋戏，有很多种玩法，但自战国至汉代，最流行的博戏是"六博"。这种游戏在各地的汉画像石上大量出现，一些地方还出土了与六博有关的文物。《史记·滑稽列传》中说："若乃州闾之会，男女杂坐，行酒稽留，六博投壶。"说明这种游戏群众基础广泛，就像今天的麻将一样，风行大江南北。

当日在燕市中，荆轲与高渐离日日饮酒为乐，用沉醉抵御着人生的虚幻与无望。酒酣之际，二人浪荡街头，高渐离击筑，荆轲和而歌，既而又相对而泣，旁若无人……

真是"痛饮狂歌，空空度日"啊。

高渐离和他手中的筑，强化了荆轲胸中的苦闷，也提升了整个事件的悲剧内涵。

燕国人大概多以奇怪的眼光看着他们，但处士田光却觉得荆轲定非庸才，于是以诚相待，结为友谊。

田光的出场是荆轲命运转折的开始，他把荆轲从个人的苦闷中拉出来，推向国家宏大的怀抱。

四

田光是个怎样的人呢？司马迁只在两处对田光捎带评价。

其一，是称田光为处士。处士在古代指道德高尚、才华出众但又不愿出仕为官的人。

其二，是借燕国太傅鞠武之口盛赞田光："燕有田光先生，其为人智深而勇沉，可与谋。"

纵然有这样美好的名声，但毕竟韶华易逝，青春不再，当荆轲漫游至燕国时，田光已是垂垂老者，他们可谓不折不扣的忘年交。

此时已近战国时代尾声，在秦国摧枯拉朽的猛烈攻击之下，曾经的战国诸强基本都处于苟延残喘的危险境地。当时，燕国太子姬丹刚从秦国亡归不久，正在四方搜罗人才，以图报复秦王嬴政。

姬丹少时，曾为质于赵，而嬴政也是在赵国出生，他们可以说是儿时的好伙伴。世事如流水，当嬴政被立为秦王时，姬丹又转而质于秦。权势的魔法逐渐现出魔力，嬴政在获得权势的同时，也丢掉了对姬丹的纯洁友情，他对待这曾经伙伴的态度越来越恶劣。终于，姬丹忍无可忍，逃回燕国。

应该说，姬丹逃归的举动很不明智。本来，战国时各国为保持彼此的和平关系，经常互换太子以为人质，这是一种契约行为。姬丹不辞而别，即是背约，秦国岂能罢休？姬丹当然早已想到这一点，所以回国之后，打算先下手为强，找人报复秦王，无奈燕国弱小，没这个能力。

而秦国那边，已然兵锋东向，毫不客气地蚕食着韩、赵、魏、齐、楚的土地，并且随时可能进兵燕国。姬丹惶恐不已，忙问太傅鞠武该怎么办，鞠武无策，只是埋怨姬丹不该因受辱而逃归，惹怒秦王，以致失去回旋余地。姬丹再三追问，鞠武只好说："我回去想想吧。"

恰在此时，秦将樊於期因得罪秦王嬴政，逃亡到了燕国，姬丹不假思

战国形势图

战国前期的版图上，最强盛的国家是齐、魏，此后随着商鞅变法的实行，西方的秦国骤然崛起，而赵国也借助赵武灵王时代"胡服骑射"的改革，成为东方强国。秦与赵，一东一西，彼此虎视眈眈，为保持表面的和平，又互派质子。

长平之战前，秦国派往赵国的质子，是秦国太子嬴柱之子嬴异人。后来，商人吕不韦不仅为嬴异人争取到了日后登上秦国王位的机会，他还把自己的爱妾赵姬献给了嬴异人，当时赵姬已有身孕。公元前259年，赵姬在邯郸生下一子，即嬴政。这个未来的始皇帝在赵都邯郸，认识了同样在赵国做质子的燕国太子姬丹。

公元前247年，十三岁的嬴政登上秦国王位，而姬丹又转而质于秦。双方巨大的身份落差本已给姬丹带来了心理创伤，再加上嬴政对他的态度日渐冷淡，终于促使姬丹做出逃归燕国、伺机报复的决定。（地图绘制／孙园园）

索，接纳了樊於期。

鞠武闻之，连忙阻止："不可！秦王素来凶暴，又积怒于燕，燕国上下早已心惊胆寒，如果他得知您收留了樊於期，恐怕事情就更不好收拾了吧！此所谓'委肉当饿虎之蹊'，必然招致祸患，即便有管仲、晏婴这样的旷世奇才，也将束手无策。眼下，太子应该速速送樊将军入匈奴，使秦国失去攻打燕国的借口；同时，请西约赵、魏、韩，南连齐、楚，北方则花

公元前 4 世纪末期，燕昭王开始在今天的河北易县一带兴建燕下都武阳城。两千多年过去，这片巨大的废墟成了国家级文物保护单位，还被评为"中国 20 世纪 100 项考古大发现"之一。

费重金与单于修好，这些都做到了，才能有对付秦国的办法。"

姬丹说："太傅之计，旷日持久，而我心中烦乱，一刻也等不及了。况且樊将军当穷途末路之际前来投奔于我，我若畏于秦之强暴而抛弃他，送樊将军入匈奴，那也就是我生命终结之时。此策不可取，请太傅再想其他办法！"

鞠武说："行危而求安，造祸而求福，怎么可能实现呢？为了一个朋友，而不顾国家安危，此所谓'资怨而助祸'。秦国的大军，很快就会把灾祸带给燕国了。"

自始至终，鞠武都在强调姬丹的逃归和收留樊於期将成为秦国攻打燕国的借口。他以为，如果这两件事都不曾发生，秦军就不会踏上燕国的土地。鞠武显然太天真了，他大大低估了秦王嬴政的胃口，或者说，对于当时的国际形势，他缺乏清晰的判断。

嬴政要夺取的是天下，是"六王毕，四海一"，是旷古未有的大一统。

攻取燕国，不需要任何借口，只是时间早晚而已。

但事已至此，哀叹和恐惧都无济于事，鞠武在姬丹再三恳求之下，举荐了田光。正如前面所说，鞠武对田光评价非常高——"智深而勇沉"，我们不妨简单直接地理解为：智慧、深沉、勇毅、沉着。

可惜，这样一位高人，当姬丹终于得到他时，他已来到人生的暮年，弯腰驼背，白发苍苍。所以，面对姬丹虔诚而急切的请教，这年老的智者言谈间透出一丝叹息："臣闻骐骥盛壮时，一日可驰千里，至其衰老，却连一匹驽马都追不上。太子您只听说过我盛年时的名声，恐怕不知道我已老迈，精力早就耗尽了。"

但田光并没有让姬丹失望，他举荐了荆轲："我不能再为国效力，但我的好友荆轲可以。"

姬丹忙说："希望能通过先生与荆卿结交，可否？"

田光允诺，然后起身离席。

姬丹送田光至门口，忽然叮嘱田光道："今日我与先生所谈，乃国之大事，希望先生不要泄露出去！"

田光微微一笑，点头而去。

田光为何认定荆轲可以？一本名叫《燕丹子》的书中，引述了田光的荐词：

> 窃闻太子客无可用者：夏扶血勇之人，怒而面赤；宋意脉勇之人，怒而面青；武阳骨勇之人，怒而面白。光所知荆轲者，神勇之人，怒而色不变。

田光称荆轲为神勇之人，怒而不形于色，因而远远超越夏扶、宋意、武阳等人之上。

《燕丹子》一书，鲁迅先生在《中国小说史略》中认为其是汉以前的作

　　　荆轲：个体与国家的纠缠

品，"虽本史实，并含异闻"，所以历来被视为小说家言。但《燕丹子》既产生于汉代以前，司马迁作《史记》时就有可能从中借鉴一些内容。

五

那一天，当处士田光佝偻着身躯找到荆轲时，后者尚不知道自己已被裹挟进国家政治的漩涡之中。

是的，进入政治核心，谋求千古功名，这是荆轲的理想，但当这理想终于接近现实的时候，却显出几分荒诞。他作为一个异乡人，成了燕国最后的救命稻草。

当此时代巨变之际，这与其说是机遇，不如说是命运的捉弄。

田光言辞恳切："我和你是朋友，燕国无人不知。如今太子问我以国事，说'燕秦不两立，愿先生留意'，却不知我年事已高、无能为力了。我没把自己当外人，把你举荐给了太子，希望你能前往拜见太子。"

荆轲答应了。那一刻，或许有一丝喜悦从他心头升起，毕竟，他离自己的理想近了。但他并不知道，自己将以何种形式去实现理想。

田光又说："太子叮嘱我，不要泄露我和他的谈话，显然，太子并不信任我。一个人行事却不被信任，称不上'节侠'。请足下速速去见太子，告诉他田光已死，因此绝不可能泄露机密了。"言毕，刎颈而亡。

张承志先生说，田光的自杀遵循了"三人不能守密、两人谋事一人当殉的铁的原则"。

田光以死亡证明了自己的高义，却无形中映衬出姬丹的狭隘。

姬丹闻听田光死讯，"再拜而跪，膝行流涕"："我之所以叮嘱田光先生勿泄机密，是想成就大事，而先生以死表明自己不会泄密，这绝非我之所愿啊！"

不管这是否姬丹所愿，在他谋划已久的庞大计划中，第一个人已经牺牲。

有第一个，当然就会有第二个。

六

在太子的府第，荆轲安静地坐下，倾听姬丹的谋划。

"田光先生举荐了您，使我能够在您面前畅叙胸臆，这是上天哀怜燕国而不抛弃我这个太子啊。

"但秦王是个贪心的人，不尽占天下的土地，使各国君王向其臣服，他的欲望就不会满足。如今，秦国已俘虏韩王，尽纳其地；又举兵南伐楚，北临赵。秦将王翦率数十万之众抵达漳水、邺城一带，李信也出兵太原和云中（战国时赵武灵王所置郡名，治所约在今内蒙古托克托县）。赵国抵挡不住，必然要向秦国臣服，如此一来，灾祸就会降临到燕国头上。

"燕国弱小，即便举全国之兵也绝非强秦之对手。眼下诸侯畏秦，无人敢再提倡合纵抗秦之策。我思来想去，恐怕只有一个办法能救燕国了：可招一勇士，令其出使秦国，以重利诱惑秦王，并伺机将其劫持。若果真能劫得秦王，就像曹沫劫齐桓公一样，令秦王归还诸侯的土地，那就再好不过。如果秦王不答应，则干脆刺杀他，如此秦国必乱，君臣内外互相猜疑，东方诸侯可趁此时机再度合纵，就一定能够击败秦国！"

表面看来，这个计划十分周密，而且预备了两套方案，万一第一套方

　　　　荆轲：个体与国家的纠缠

　　燕国全盛时的版图上，涿州处于腹心地带——北面是燕上都蓟城，南面是燕下都武阳城。居于两都之间，而且相距都不过几十里，涿州可谓宝地。事实上，它也的确是一方宝地——荆轲献给嬴政的"督亢"地图，其涵盖的地域据说就在今涿州东南部。

　　向来口不留情的鲁迅先生曾说，许多中国人都患有一种"十景病"，至少是"八景病"……涿州也有所谓"八景"，其中之一就是"督亢秋成"，看来应是一派耀眼秋色。不过，明代的作家袁中道先生比较扫兴，写了一首《过督亢》，也是秋色，却一派肃杀：

　　断桥流水卧枯杨，千里飞沙草木黄。

　　督亢如何称沃美，荆轲图去致秦王。

案不可行，可随即转变为第二套方案。但仔细想来，第一套方案基本上形同虚设——姬丹将这套方案比作曹沫劫齐桓公，可曹沫当时所处的环境，是诸侯会盟之地，被劫持的齐桓公姜小白既已答应归还鲁国的土地，就绝不可能当场食言。这一点，本书第一章已经有过详细叙述。

　　而姬丹即将派去秦国的勇士，却要在幽深森严的咸阳宫中，与一心夺取天下的秦始皇嬴政谈条件，这和"与虎谋皮"何异？即便这勇士能够顺利劫持嬴政，嬴政也极可能当场答应，以求脱身，然后再杀掉这勇士。嬴政不是姜小白，他没有那么多的顾虑。

因此，姬丹的两套预案实际上只有一套，即刺杀秦王嬴政。对此，姬丹恐怕早就心知肚明，而且他对刺杀成功后国际局势的分析，也是合乎逻辑和情理的。

关键是要找到这个勇士，并且能够顺利地接近秦王。

姬丹寄厚望于荆轲，但并不能确定荆轲是否愿往，所以试探着对荆轲说："我不知道该把这个重大任务交给谁，请荆卿帮我仔细考虑考虑吧。"

荆轲沉默不言，良久才回答："这是国之大事，我恐怕不能胜任。"

姬丹闻言，急忙上前跪地叩首，恳求荆轲不要推辞。

荆轲答应了。

荆轲的态度意味深长，令人颇费思量。他为何不直接答应姬丹？果真觉得自己能力不够，还是贪生怕死？

我以为，是荆轲感到了一丝失望。他的理想，本是成为苏秦、张仪般的政治家或者领兵出征的将军，可是姬丹却希望他做一个刺客，以生命为代价，去完成一项未必能完成的危险任务。这一丝失望让荆轲产生了片刻的犹豫。

可他敬重的长者田光是希望他去的，并且已经为此献出了生命……姬丹又对自己如此看重……他们对自己是有知遇之恩的。

他答应了，就等于承诺了牺牲。

姬丹大喜过望，于是尊荆轲为上卿，使其居华屋美舍，并且天天到荆轲住所拜望。珍馐美食、奇珍异宝、车骑美女，尽荆轲之所欲。

荆轲知道，这奢侈繁华的背后，死亡的脚步已逐渐走近。

　　　　荆轲：个体与国家的纠缠

七

"长城以南，易水之北"，这是对战国时期燕国疆域的大致描绘。事实上，极盛时期的燕国，其势力范围东至辽阳、朝鲜，北达内蒙古鄂尔多斯草原，西至包头，南达沧州、石家庄，包括了一片极为广袤的地域。

其中最为肥美的一片土地，被称为"督亢"。这两个字到底是什么意思，难以确知，但可以肯定它指的是一个区域。1999 年版《辞海》为"督亢"所作注解为："今河北涿州市东，跨涿州、高碑店、固安等市县。中有陂泽，周五十里，支渠四通，富灌溉之利。战国时为燕国著名富饶地带。"

公元前 312 年，燕国历史上最著名的统治者燕昭王姬平即位。为了对付南方各诸侯国的不断骚扰，燕国在今河北易县一带建立了一处军事重镇——武阳城，称为"下都"，以区别于燕上都蓟城（在今北京广安门附近）。正是在燕下都，燕昭王姬平励精图治，采纳郭隗的建议，筑黄金台，招贤纳士，网罗了一大批人才，其中最著名者如苏秦、乐毅、邹衍之辈，都为燕国的复兴和强盛做出了卓越贡献。

此后数年间，姬平"吊死问孤，与百姓同甘苦"，使燕国国势为之一振。公元前 284 年，燕国上将乐毅率领燕、赵、秦、韩、魏五国联军大举伐齐，陷齐国七十余城，几乎灭掉齐国，报了公元前 314 年齐伐燕之仇，燕国之盛一时如日中天。

可惜，此后随着秦、赵的崛起，燕国的光芒逐渐黯淡，到燕王姬喜之时，燕国在国际上的地位已经变得无足轻重。

姬喜，即是燕太子姬丹之父、燕国末代君主。

2010 年麦熟之际，我在易县燕下都遗址上游走，见到了那些著名地点：黄金台、武阳台、九女台、老姆台……或为城址，或为练兵场，每一

　　总面积几十平方公里的燕下都遗址区，保护起来是个大问题。送我去遗址区的司机老崔告诉我，每个重要地点都装着摄像头，画面直接传到负责遗址保护的派出所里。他说，如果你形迹可疑，四处翻找，恐怕警察就会来。

处都是燕下都繁华的见证，但如今只剩一个个巨大的土台，突兀地站立在麦田和村庄边缘。其中，黄金台曾是历代许多文人吟咏的对象，唐代的李白就曾写道："揽涕黄金台，呼天哭昭王。"

黄金台上，李白的惆怅来自不得志的郁闷，若姬丹也曾在此叹息，恐怕是因为燕国的江河日下。

公元前228年，秦大将王翦攻陷赵都邯郸，掳走赵幽穆王赵迁，赵迁之兄赵嘉率一帮旧臣奔至代郡（在今河北蔚县），称代王。赵国名存实亡，秦军兵锋随即指向燕国，陈兵易水南畔。

姬丹闻之，心急如焚，而荆轲却迟迟未有行意。姬丹于是连忙赶去拜访荆轲："秦军朝夕之间就可能渡过易水，那时，即便我有心长久地侍奉足下，恐怕也没有机会了。"

荆轲说："太子不说，我也准备行动了。可是，如果不能取信于秦王，就无法接近他。我听说秦王赏黄金千斤、封邑万户来买樊於期将军的首级，如果我能带着樊将军的首级和燕国督亢的地图去献给秦王，秦王一定会高兴地接见我，如此，太子的计划也就有机会实现了。"

姬丹一听，连连摇头："我不愿为自己的私利而伤害樊将军，您还是考虑其他办法吧。"

荆轲知道姬丹不忍心，于是私下去见樊於期，两人的对话令人动容。

荆轲说："秦国对待将军可谓残忍至极，您的父母宗族俱遭屠戮。如今，秦王又悬赏黄金千斤、邑万户购买您的首级，不知您做何打算？"

樊於期仰天长叹，泪如雨下："我每念及此，常痛彻骨髓，却毫无办法！"

荆轲道："我有一策，可解燕国之患，报将军之仇。"

樊於期问道："何策？"

荆轲道："愿得将军之首级以献秦王，秦王大喜，必会见我。到那时，我将左手抓住秦王衣袖，右手持匕首直刺其胸。如此，则将军之仇得报，而燕国遭欺凌的耻辱也可涤除了。不知将军是否愿意？"

樊於期扼腕对曰："我心怀深仇大恨，日日切齿腐心，今天终于知道该怎么做了！"

言毕，自刭而亡。

姬丹闻之赶来，伏尸痛哭。

八

事情的进展骤然提速。

樊於期的首级，盛于匣中。

督亢的地图，也已装好。

武器，是花费重金从赵国徐夫人手中购置的匕首，其锋利天下无匹。姬丹使工匠以毒药淬之，以之试人，见血即死。

荆轲的副手也已寻得，名叫秦舞阳，即《燕丹子》中所谓"骨勇之人"，年十三岁。这个少年，史籍记载稀疏，《史记·刺客列传》也只是一笔带过：勇士，杀过人，别人都不敢和他对视。

姬丹匆忙地准备着这一切，荆轲却不慌不忙，他在等一个人。那人大约住得很远，久等不来，而荆轲已经为他准备好了行装。

这个人是谁？司马迁没有说，《东周列国志》说是盖聂。盖聂虽是一个好的人选，但小说演义，不足为凭。

荆轲迟迟不肯出发，引起了姬丹的怀疑，他以为荆轲心生悔意，于是催促道："日子不多了，荆卿打算何时动身呢？要不……我派秦舞阳先行？"

荆轲大怒，厉声叱责姬丹："太子这是什么话！只想着去送命而不想着完成使命回来，那是竖子所为。况且，这是带一把匕首远赴危险莫测的秦国！

　　易县城西南，有一个村庄名叫荆轲山村，村南的荆轲山上，有一座荆轲塔。山、村、塔，不知道哪一个最先得到"荆轲"的名字。夏天的黄昏，塔下的小广场上常常聚满了人，散步，聊天，无所事事，孩子们则绕着塔疯跑，玩不知名的游戏。

　　荆轲塔为八角十三层，高二十四米，砖木结构。

　　这塔的历史，据说可以一直追溯到辽代，当时是为纪念荆轲而建，因系圣塔院寺内的建筑，故名圣塔院塔。建成不久，塔与寺俱毁。1578 年（明万历六年）重建，清代又加以修葺，如今仅存此塔和一通《重修圣塔院记》石碑。2006 年，这座塔被列入第六批国家重点文物保护单位。

　　一份资料上说，除了荆轲塔之外，共立易水河畔的还有樊於期的血山镇陵塔、太子丹的燕子塔、左伯桃的黑塔和羊角哀的白塔，并称"五塔镇燕山"。五塔之中，荆轲塔在正中间。

　　　　　　荆轲：个体与国家的纠缠

　　如果不是因为荆轲与高渐离在易水边的慷慨悲歌，这条北方的小河绝不会有这么大的名气。当然，与许多河流一样，易水也没能逃脱被污染的噩运，有资料说它一度"满目疮痍，污水横流"。2009 年，易县开始投巨资治理污染，我看到易水河时，它基本上已经"正常"了，堤岸修得很整齐，还立了一块大石头，上面刻着书法家刘炳森写的三个大字："易水河"。

我之所以暂留，是在等一位朋友，希望和他一起前往秦国。既然太子认为我在拖延时间，那好吧，我这就告辞西去！"

　　我不知道，姬丹听完这声色俱厉的叱责，会是一种什么表情，更不知道他会想什么。

　　但决裂的时刻已经提前到来，荆轲辞别的，既是作为个人的姬丹，也是作为国家代表的太子。从田光举荐到今日怒而辞别，荆轲终于从个人与国家的纠缠中脱身出来，从被动变为主动。正如张承志先生所言，"他此时已经不是为了政治，不是为了垂死的贵族而拼命；他此时是为了自己，为了诺言，为了表达人格而战斗"。

　　易水之畔，秋风萧瑟，那一天的故事终于上演，那一支慷慨的歌终于唱响。

"风萧萧兮易水寒，壮士一去兮不复返！"

一如当年燕市情景，高渐离击筑，荆轲和而歌。先是苍凉凄婉，既而慷慨激昂，闻者无不动容。

在人生的紧要时刻，纯洁无私的友情迸发出撼人心魄的魅力，两个同样深沉的男人在唱和之间把整个故事提升到至高至美的境界，供后世人仰望和慨叹。

于是荆轲就车而去，终已不顾，只留下高渐离、燕太子以及白衣白冠的送行者，在易水之畔空自惆怅。

易水河由此成为一个象征，每到国家紧要的时刻，就会有人想起它，歌咏它，以期从中获取生存或者死亡的力量。

这条河不大，它源于河北省保定市涞源县境内，流经易县等地，最后注入白洋淀。我在易县时，曾在河边散步，河水尚算清冽。过河前行，两三公里外，有荆轲山，既是一座小山的名字，也是一个村庄的名字。山上有座重建于明代的古塔，名曰荆轲塔，高高矗立，一览无余俯视着脚下丰腴的土地。

它纪念着那一去不返的英雄。

九

大约在公元前 227 年初，长途跋涉一千余公里的荆轲和秦舞阳终于抵达秦国。

一路之上，荆轲黯淡的心情或许被颠簸消散，或许趋于更深的黑暗。

荆轲：个体与国家的纠缠

但无论如何，都不妨碍他表现出一个刺客的敬业精神。

一到咸阳，荆轲即以重金贿赂秦王宠臣中庶子蒙嘉。蒙嘉得了好处，随即在秦王面前为荆轲通报："大王威名远播，燕王心惊胆战，不敢举兵对抗大王的将士。燕王愿举国称臣，列于诸侯之中，以郡县之身份缴纳贡赋，惟求得以继续供奉先王宗庙。燕王畏惧大王威风，不敢亲自前来，因此将叛将樊於期的首级和燕督亢之地图装匣密封，派使臣前来进献给大王。使臣出发之前，燕王特地在王宫举行了拜送仪式。如今，燕国使臣已到咸阳，请大王指示。"

秦王闻之大喜，于是着朝服，设九宾，在咸阳宫以隆重的外交礼仪接见燕国使者。

这湮没在尘埃灰烬之下的宫殿或许早已遗忘那一日的情景：荆轲捧着樊於期的首级，走在前面，少年秦舞阳捧着地图匣子，紧随其后。四周卫士林立，气氛森然。走到殿前台阶下，秦舞阳忽然脸色大变，浑身发抖。

那一刻，强烈的恐惧如雷电般击中了这少年。是的，在他的故乡燕国，他确曾杀人，有勇士之名，但所杀大约无非市井小民抑或地痞流氓，所在应该也不外乎街市酒肆之间，岂能与今日等同而视？

秦舞阳的异常反应引起了群臣及秦王的惊讶和警觉，气氛一时变得紧张。

荆轲知道秦舞阳胆怯，恐怕秦王怀疑，于是回头看一眼秦舞阳，然后转身向秦王，微微一笑："北方蛮夷的粗野之人，未曾见识过天子的威仪，如今得见，难免心生惊惧，请大王勿怪，让他在大王面前完成使命吧！"

这微微的一笑和从容不迫的言辞，使所有对荆轲胆怯的质疑顿时坍塌。

秦王对樊於期的首级似乎毫不在意，待荆轲上殿礼毕之后，他直接告诉荆轲："取舞阳所持地图。"

他料想燕王不敢用一个假人头来糊弄自己，而且，在这一刻，樊於期的首级已不重要，他迫不及待想要看到的，是燕督亢的地图，上面标注着燕国最为肥美的一片土地，从今以后，它就将属于秦国所有了。有了这份地图，秦王也不用再担心燕国反悔，因为这画满山川、河流、田野与村镇

公元前 350 年，秦孝公嬴渠梁把都城从栎阳（在今西安市阎良区）迁到了咸阳。从此以后，秦在此建都一百四十四年，先后修建了大量华丽的宫室。秦始皇时，更是仿建六国宫殿，营造规模宏大的朝宫，使咸阳成为气势恢宏的帝都。仅从考古学者绘制的咸阳一号宫殿复原图，以及相关出土遗物，即可想象咸阳宫当年的规模和胜景。

秦咸阳宫遗址的发掘始于20世纪50年代，几十年来，发现了大量建筑遗址和各类文物。1992年成立文管所，1995年建成博物馆并对外开放。这是一座以收藏和展示秦咸阳宫遗址为主的专题性历史博物馆，共有三个陈列室。

的地图就是秦国大部队的行军指南。此前，秦国大军在易水南畔陈兵数月，或许就是因为不熟悉燕国地理，不敢贸然进军。

荆轲从秦舞阳手中取过地图，献给秦王。

秦王发图，图穷而匕首见。

这是中国历史上最脍炙人口的一幕，司马迁也对之倾注了无限深情，一向文字简约的他，竟然用二百七十余字细致入微地描写了荆轲刺秦王的详细过程，期间动作转换、气氛变化，均如电影镜头般真切。

地图徐徐展开之际，一把匕首的寒光也闪现出来。

荆轲左手抓住秦王衣袖，右手抢过匕首，以迅雷般向秦王刺去。匕首未至，惊慌失措的秦王已经抽身跳起，匕首划断了衣袖。他想拔剑还击，但所佩宝剑过长，剑套又紧，一时竟不能拔出，只能手扶剑鞘，夺路而逃。咸阳宫的大殿上，只见秦王绕着柱子乱跑，荆轲手持匕首狂追不止。

殿中群臣都不曾料到使者突然变身为刺客，一时惊恐失态，不知如何是好。

根据秦国律法，殿上侍从大臣不允许携带任何兵器，各侍卫武官也只能拿着兵器按次序守护在殿外，没有秦王命令，不得踏上大殿半步。但此时秦王只顾逃命，根本顾不上下令召卫士上殿。于是，殿上群臣只能徒手与荆轲搏斗，以期阻止他的追逐，使得秦王逃命。

但他们怎么能阻止荆轲呢？这刺客以必死之心前来，如今距完成使命仅差最后一击了。

此时，侍从医官夏无且手中的药囊投向了荆轲。这一投虽然没有威胁，却延缓了荆轲追逐秦王的脚步。在这一瞬间，秦王听见了左右的呼喊："王负剑！"于是秦王把剑推至后背，一番折腾，终于握剑在手。

这把锋利无比的宝剑，砍中了荆轲的左腿，荆轲遂成废人。剧痛之中，他仍不甘心，抬手将匕首投向秦王。不中。

秦王的剑没有停下，他怀着满腔怒火向荆轲连连砍去。

荆轲八创，遍体鳞伤。

他自知大事难成，遂坐于地上，倚柱而笑，既而一声长叹："大事不成，是因为想活捉你，迫使你订立契约以回报燕太子。"

他是在说给秦王，也像是在宽慰自己。

侍从们一拥而上，杀死了荆轲。

荆轲没有完成自己的使命，但实践了一去不返的诺言。

整个刺杀过程，司马迁的文字中没有出现秦舞阳的身影。那惶恐的少年，或许在图穷匕见之时，已经被杀死在大殿之外。这是一个莫大的遗憾，如果秦舞阳能帮荆轲一下，或许，他们的使命也就完成了。

或许，我们还可以假设得更远一些，若燕太子姬丹能够再从容些，让荆轲等到那远方的朋友前来，历史也极可能呈现出另一番面貌。

可惜，假设毫无意义，我们只能无奈接受那宿命的论断：大势所趋，个人无力阻挡历史的潮流。

　　　荆轲：个体与国家的纠缠

荆轲刺秦的消息很快四处传扬开来。

赵人鲁勾践闻之，一声叹息："真可惜，如果他再讲究一点剑术就好了。我还是不太了解这个人啊，当初叱责了他一句，他就以为我不是同道中人。"

鲁勾践似乎有些自责，觉得自己一时疏忽错过了一位朋友。

他的确不了解荆轲，荆轲的深沉、迷惘、激烈和决绝。

世上唯一可称荆轲知音者，唯有高渐离。

易县西部的太行山笼罩在夕阳的余晖之中。

山脉、河流、古都、古塔，赋予这北方的土地一种坚硬的气质。而荆轲、高渐离，以及后来狼牙山五壮士的传说，成为这种气质的鲜活注脚。

鲁勾践以为，荆轲的失败是因为剑术不精。这是何其肤浅的看法，竟误导后世无数人。刺杀秦王，如此庞大的工程，需要极精确的计算和各方面的配合，田光与樊於期是合格的，但燕太子的狭隘和秦舞阳的徒具虚名，却早已为这行动画上不祥的标记。对行动最终执行者荆轲而言，无论剑术精与不精，燕督亢地图中卷藏的都只能是一把短短的匕首，而非三尺长剑。而且，这把匕首只有一瞬间的机会。

　　这一瞬间，也非荆轲所能主宰，因为秦王早已有所防备。

　　荆轲死了，但刺秦的行动仍将继续，因为高渐离还活着。

　　"风萧萧兮易水寒，壮士一去兮不复返。"

　　这不是歧路临别儿女沾巾的伤感，而是心灵相通的秘密邀约。

　　　　荆轲：个体与国家的纠缠

秦皇帝惜其善击筑，重赦之，乃矐其目。使击筑，未尝不称善。稍益近之，高渐离乃以铅置筑中，复进得近，举筑朴秦皇帝，不中。于是遂诛高渐离，终身不复近诸侯之人。

——《史记·刺客列传》

高渐离

刺客之道的极致与终结

高渐离：
刺客之道的极致与终结

  战国最后几十年，中国大地上最令人惊恐的就是秦国的大军。比之春秋时代，战国时代的战争已经残酷、激烈无数倍，而秦国能够横扫诸侯，统一天下，除去政治策略和经济基础等因素外，所倚赖的就是经过严格训练、装备标准化的士兵。

中国人形容惺惺相惜的友情，有许多流传久远的词，比如知己、知交、知音等等。虽然意思相近，但相比之下，"知音"更多一丝深沉与幽远。因为音乐之飘渺玄奥，绝非寻常人所能轻易领悟。

《吕氏春秋·本味》记载说，春秋时，楚国人俞伯牙与钟子期为友，伯牙善鼓琴，子期善听。所谓"善听"，并非能听出技艺高下抑或音乐之美丑，而是更进一层，能从音乐中听懂乐师的内心——前提当然是乐师本身要有相当的水准。在伯牙悠扬婉转的琴声中，子期听出了他登山临水的高洁之志，于是赞叹不已："善哉乎鼓琴，巍巍乎若太山（即高山）！""善哉乎鼓琴，汤汤乎若流水！"这就是成语"高山流水"的来源，说的既是乐音美妙，更是知音难寻。

子期死后，伯牙破琴绝弦，终身不复鼓琴。琴就是伯牙的生命，他毁

掉琴，实际上也就结束了自己的生命。

世间再无知音，生命还有什么意义呢？

几百年后，在遥远的北方，萧萧易水河畔，当荆轲不顾而去，高渐离也一定体验到了俞伯牙心中那浓重的幻灭之感。

那远行西去的人慷慨悲歌，此去必不返矣。那一刻，高渐离的心已随荆轲西行，只留下一具肉体的躯壳，在燕市中无望地等候。虽然他没有如伯牙一样，毁掉自己的筑，但大概也会装入匣中，束之高阁，任其蒙上北地的灰尘。

数月之后，意料之中的消息如约传来：荆轲刺秦失败，身死咸阳宫。

而秦王嬴政大怒，随即增派重兵，诏大将王翦率军伐燕。

中国历史上最著名的"知音"，就是俞伯牙与钟子期。按照一些古书的说法，俞伯牙的身份是琴师，而钟子期则是山中一名樵夫。但在元代王振鹏所作的绘画中，善听的钟子期被画成了读书人的模样。大约"知音"是很雅的一个词，所以古人有意消除了两人的身份落差，以使他们看起来更加和谐。

俞伯牙弹奏的曲子名为《高山流水》，是中国最经典的古琴曲之一，也常常被认为代表了中国文化的气质和追求。1977年，美国"旅行者"号宇宙飞船升空，携带着一张唱片，上面有二十七首据说可以代表地球的曲目，其中便有一首管平湖弹奏的《流水》。

二

秦国大军势如破竹，在易水河畔，他们轻而易举击败了燕赵联军，然后渡易水而北。燕国的大片土地，包括督亢在内，尽入秦人之手。

公元前 226 年 10 月，秦军攻陷燕上都蓟城（在今北京）。燕太子姬丹与其父姬喜一起，率兵向东北逃亡千里，退保辽东（在今辽宁辽阳）。此处已是燕国疆域北端，然而秦将李信率兵穷追不舍，令姬喜惊恐万分。此时，同样落魄不堪的赵代王赵嘉派人送来书信一封，为姬喜出谋划策，信中说："秦之所以急追燕王，是因为太子姬丹之故。您应该杀掉太子丹，将其首级献于秦王，如此秦王心中恨怒必消，而燕国也才有机会得以幸存。"

赵嘉的计谋，除了证明自己的短视和愚蠢，并无其他作用。当然，他或许也是在利用这一机会取媚秦王，为自己的傀儡王国争取苟延残喘的机会。然而令人意外的是，燕王姬喜居然采纳了赵嘉的建议，使人斩杀太子丹，欲献之秦王。

姬喜的愚蠢造就了姬丹的悲剧，这一生命途多舛的太子，不仅没能报了心头怨恨，反倒作为献给秦王的礼物，窝窝囊囊地死于自己父亲之手。

姬丹的头颅并没有为燕国换回梦寐以求的和平，因为对秦王而言，燕太子自始至终都无足轻重，他至多是秦王伐燕的一个借口。如今秦国大军已经纵横在燕国的疆土之上，姬丹便再无任何价值。于是秦军丝毫不理会燕王姬喜"大义灭亲"的取媚之举，继续蚕食着燕国的土地。只不过，此时秦国着力用兵于南方，无心一口吞下燕国，这给了姬喜几年喘息的时间。公元前 222 年，当秦国灭掉强大的楚国和魏国之后，终于腾出手来，掳燕王姬喜，灭掉了燕国。回师途中，王翦还顺手活捉了赵代王赵嘉。

第二年，秦又灭齐，并接受卫君卫角臣服，天下遂告统一。

这是一个大时代的终结，也是另一个重要时代的开始。大一统为此后

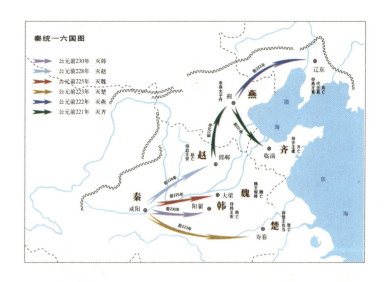

秦统一六国图

→ 公元前230年 灭韩
→ 公元前228年 灭赵
→ 公元前225年 灭魏
→ 公元前223年 灭楚
→ 公元前222年 灭燕
→ 公元前221年 灭齐

　　秦的统一路线图，是由近及远，先中原后外围。最先灭亡的是地处中原核心地带的三晋——韩、赵、魏。中原既定，则诸侯赖以抗秦的所有策略便告失效。原本强大的楚、齐顿成孤军之势，被秦国各个击破已无悬念。而燕国本就弱小，早已被秦国视为囊中物。至于荆轲的故国卫国，显然已被无视。（地图绘制／孙园园）

的帝王们开创了完全不同的事业。然而大转折完成之际，开创者嬴政——此时他已成为始皇帝——却时常陷入恐慌。他的士兵踏遍六国的土地，带回了荣光，也带回了无边的仇恨。荆轲在咸阳宫倾尽生命的一击，虽以失败告终，但嬴政的逃脱毕竟也有侥幸的成分。

　　这前无古人的皇帝担忧另一个荆轲的到来，于是未雨绸缪，诏令天下，通缉姬丹的门客以及荆轲的党人。姬丹的门客，根据《史记·燕召公世家》的记载，约有二十余人，其中大约包括《燕丹子》所谓"血勇"之夏扶、"脉勇"之宋意等人。秦皇帝的天罗地网织就之时，这些门客已四散入民间，从此再无消息。

　　而荆轲的党人，大约仅狗屠高渐离一人。

　　位于保定市定兴县的高里，据说是高渐离的故乡。这个看起来与其他寻常乡镇并无分别的地方，却有所谓"文化大乡"之称，除了高渐离，与此地有关的名人尚有元代剧作家王实甫，以及忽必烈的汉人统帅张弘范——他曾俘获南宋丞相文天祥。高里乡的十余处文化保护单位，最被当地人津津乐道的，是位于金台陈村的"黄金台"遗址，那里与易县毗邻。

高渐离的人生履历，比荆轲模糊很多，史书只说他是燕人，至于是燕地何处，并不曾提及。

2010年夏天，当我乘车穿过广袤的燕下都遗址区，从易县刚刚进入东南方的定兴县境内时，司机老崔忽然告诉我：这里是高里乡，也就是高渐离的故里。我问他从何处得知，他说当地人都知道，本地报纸上也这么说。说话间，抬头望见一块路牌，指明路旁是金台陈村，即燕昭王筑黄金台的所在。

回北京后我遍查资料，没有找到确凿的出处，只见到当地的网站和报纸众口一词，称高渐离生于高里，俨然已是定论。如果真是如此，那么高渐离就出生在闻名天下的"黄金台"旁边。在他悠游乡里的少年时代，一定听父老们说起过几十年前发生在"黄金台"上的美谈，以及乐毅伐齐创下盖世奇功的佳话。那是燕国的美好时代。没有不怀理想的少年，高渐离或许也有心成就一番事业，但他出身寒微，又值燕国江河日下，最终只能以屠狗为生，淹没在燕市的庸碌人群之中。

但他善击筑。

我无法想象，握屠刀的手居然也可以将筑演奏得美轮美奂，这是何等奇妙的组合。

这神秘的乐器成功地使高渐离从世俗大众中超脱出来，并改变了他的人生。它促成了高渐离与荆轲的友谊，使他们成为知音，又目睹了他们在易水之畔的诀别……

然而，当秦始皇嬴政的通缉令遍布天下之时，高渐离已然多年不再击筑，他隐姓埋名，远远逃离了故乡。

三

高渐离隐匿之地，名叫宋子，在今河北省赵县东南的宋城村。此处距易县燕下都所在已有二百多公里之遥。

在赵县，最知名的古迹大约有三处：赵州桥、柏林禅寺和宋城古代遗址。前两者名头很大，地理位置也都在县城附近，所以来赵县的旅游者多半会前往游览，而宋城村并无多少知名度，且距县城至少二十五公里，因此极少有人前去。

2010年夏初我来到宋城村，正在村口询问宋子古城遗址所在时，恰好遇到村支书邱存良。他看到我手中的相机，立即认定我可以帮他宣传这个村子，以吸引外地游客前来，并进而促使县里拿出资金，修路、通车，将宋城与赵州桥和柏林禅寺连接为一个完整的旅游线路。但我不认为他的设想会实现，因为宋城村虽然拥有两处省级重点文物保护单位——各子汉墓群与宋子古城遗址，但并不具备观赏价值——几十个土堆和一道残存的土城墙，又有多少热衷游山玩水的旅游者有兴趣"到此一游"呢？

村庄南面，沃野之上，绿树与杂草掩映下的长长土墙，便是宋子古城遗址。据赵县文化馆张焕瑞先生《追溯历史话宋城》一文，这座古城址整体为长方形，东西长约700米，南北宽约550米，总面积约38万平方米。这样的规模，在战国时代大约算是中等。现存的城垣，底宽6～8米，最高处约为4米。村里老人告诉我，他小时候所见的古城墙远比现在高大，也较为完整，但后来村里人不断从这里取土盖房，终于挖成了现在这般残缺不全的模样。

但如今的荒败不能抹杀宋子曾有的繁华。战国时代，这隶属于赵国的城邑，曾发生过三件值得一说的事。

其一，是在公元前251年，燕王姬喜趁赵国长平之战后国势衰微，举

宋子古城废墟上，野花繁茂，树木葱茏。此城原为战国时赵国的城邑，西汉初成为宋子侯国；汉景帝中元二年（公元前148年）免去宋子侯爵位，除国改为县，属钜鹿郡；王莽时，宋子曾称为宜子，东汉废之。此后历北魏、北齐直至隋文帝开皇初（公元581年），废置频繁，终于在隋炀帝大业三年（公元607年）并入平棘县，即今赵县。失去了"县"的身份之后，宋子城遂逐渐废弃。

兵伐赵，攻占宋子城。结果赵国派出老将廉颇，一举收复宋子，还乘胜北逐燕军五百里，围燕都。虽然最后赵国接受燕国的请和，解围而去，但燕国国力大损，此后二十多年再无作为。

应该就是在此前后，高渐离来到了世间。

其二，战国后期，宋子曾专门铸造并流通一种货币，称"宋子十二铢"或"宋子三孔布"。这种货币传世及出土数量极少，因此被称为中国古钱"五十珍"之一。尽管后世学者对于"宋子三孔布"是秦国铸造抑或赵国铸造仍存争议，但基本可以认定它铸造于宋子，时间当在战国晚期或秦大一统之初。

张焕瑞先生认为，一个国家在一个普通城邑铸造货币，证明此处在政治、经济、军事各方面都有其重要性。宋子的重要性，是由其地理位置决定的：它位于赵国北鄙，接壤燕国；土质肥沃，水源充足，物产丰饶，经济繁荣；而且这里也是北方燕国与西方秦国之间交通线上的重要地点，商旅之往来频繁，自然可以想见。

第三件事，就是在公元前221年，高渐离来到了宋子。

司马迁在《史记·刺客列传》中记载道："高渐离变名姓为人庸保，匿作于宋子。"

高渐离更名换姓，在一个陌生之地为人家做杂役，毫无疑问是为了保全性命。但他选择宋子这个地方，却显得意味深长。若只为苟且偷生，他可去之地很多，无论燕地西部的太行山区还是北方、东方的寻常村落，都比宋子适合隐匿，他为何偏向南行，栖身于一个商旅往来不绝的繁华城邑呢？

此后事情的进展证明，高渐离来到宋子，与其说是隐匿，不如说是张扬。或者说，他起初的隐匿，不过是为了等待时机将自己张扬出去。

这做杂役的外乡人怀着重重心事，却无任何人可以倾诉，时间一长，自然感到难以排解的忧伤。忽有一日，主人家堂上传来客人击筑的声音，他顿时如受电击，在堂外徘徊不去，并且不时自言自语："这一段不错……这一段不行……"。

客人的随从听了，告诉其主："门外的杂役似乎懂得音乐，独自一人在那里说是道非。"

主人家闻言，十分惊讶，便让高渐离入堂来，令其击筑。

满堂宾客面前，高渐离举尺击弦，苍凉悲亢之音顿时如水泄出。众人齐声夸赞，主人也非常高兴，赐之以美酒。

那击筑人饮酒毕，大约有一丝轻松爽快涌上心头。筑与酒，他生命中最熟悉的两种事物，在这一刻唤醒了他心中隐忍数年的激情，他的知音，易水之畔一去不返的荆卿，也连同无数往事一起，历历重现在他的眼前。

再隐匿下去毫无意义。他觉得时机已经成熟，该去履行那神秘的邀约了。

于是高渐离退下，梳洗停当，换上见客的衣服，开匣，取筑，径直回到堂上。

没有任何史书曾描绘高渐离的仪容，但从堂上"举座客皆惊"的反应来看，必然是仪表堂堂，风姿凛然。主人不再视其为杂役，躬身相迎，待之以上宾。高渐离坐定，遂击筑而歌，座中人无不流涕。

高渐离手中的筑，以一种深沉的魔力，敲打着赵地遗民内心的哀伤。宋子城中的富贵之家，争相邀请高渐离到其家中击筑。他的名声迅速传扬开来，不仅在宋子本地家喻户晓，还借助往来客商之口，传到了四面八方，直至遥远的咸阳。

正如高渐离所预想的那样，他的名声最终传到了秦始皇帝嬴政的耳中。嬴政也是一个喜欢音乐的人，他下诏令高渐离赶往咸阳，为其击筑。

像荆轲离别易水一样，高渐离告别了宋子。也如荆轲一样，高渐离怀抱着必死的决心。

那天中午，我站在宋子古城的荒凉残垣之上，一边汗流浃背地拍照，一边遥想高渐离渐行渐远的身影。当他的预谋终于实现，这潇洒的男子脸上该是一种什么表情呢？

四

高渐离此去咸阳，目的是什么？

最简单的说法，当然是复仇，为燕国复仇，也为荆轲复仇。

复仇自然是高渐离要做的，但他却并非为燕国复仇。没有人邀请他、逼迫他，也没人诱以重金。这是高渐离自己的选择，他是为自己已逝的知音荆轲复仇。就像作家许晖所说："至此，刺客彻底成了和国君、和权势者毫无关系的一种称谓，他不为权势者所用，他只对同样无权无势的真正的知己效忠。"

但高渐离的行为，似乎又不仅仅是复仇。他的坦然和平静之下，还隐藏着其他东西。

那又是什么？是否如作家张承志所说，高渐离奏雅乐而行刺的行为，"完全是一种不屈情感的激扬，是一种民众对权势的不可遏制的蔑视，是一种已经再也寻不回来的、凄绝的美"？

我认同"蔑视"和"凄绝的美"之说，因为高渐离有资格得到如此高贵的评价。

但这还不够。

因为高渐离善击筑。

当他击筑时，其他的身份标识全然失效，他只是一个乐师，一个艺术家。音乐是他生命的一部分，知音就是他生命的另一部分。知音已死，他的生命即为残缺。从这个意义上来说，高渐离的刺秦，就有了更为抽象的内涵：他要拯救自己残缺的生命，途径是行刺杀死自己知音的秦始皇嬴政，结局是牺牲肉身，最终使自己从内心的虚空中解脱出来。

至于刺杀是否成功，已无关紧要。

他只求完成这样一个仪式。

所以我认定，当高渐离在宋子开始击筑的那一刻起，他的脸上已再无任何表情，静默如止水。西行时如此，踏入秦地时如此，步入咸阳宫时如此，甚至当他被人认出是高渐离因而被嬴政下令熏瞎双目时，依然如此。

高渐离是被谁认出的？我想很可能是燕太子姬丹的某个门客，燕灭后，他投降了秦国。历史需要这样的人，他们识时务、善权衡，懂得明哲保身，以此反衬着高渐离们的固执和笨拙。

无止尽的黑暗笼罩着高渐离，他内心却逐渐有了一丝殉道者的满足。

秦皇帝惜其击筑之才，不忍杀他，这给了他刺秦的良机。

　　高渐离和荆轲一样，都是"刺秦"失败的英雄，只不过，高渐离的行为更为纯粹，没有夹杂任何政治意图和利益追求。"黄金台"遗址旁，现代人绘制的"易水送别"图虽然粗拙，但在情感传达上基本契合，高渐离那一袭白衣和他手中的筑，都成为一个时代慷慨悲歌的见证。茶余饭后闲说历史的老人，自是无心关注何谓"道"，何谓"极致"，何谓"终结"，但他们却能清晰地告诉我，那样充溢烈性的时代，中国仅有过一次。

　　这沉默的盲者兀自击着手中的筑，任秦朝的权贵们赞叹和陶醉。

　　一个盲人还能有什么威胁呢？渐渐地，秦皇帝放松了警惕，让高渐离坐得离他近一些。

　　高渐离听着、判断着自己与秦皇帝之间的距离。等到可以更近一些的时候，他将铅置于筑中，等待最后的时机。

　　那一刻终于到来，他忽然停止演奏，举筑砸向秦皇帝。

　　不中。

　　秦皇帝遂诛高渐离，终生不复近诸侯之人。

　　高渐离：刺客之道的极致与终结

五

高渐离的刺秦，由此成为一则寓言。

在宏大历史的进程中，他的行刺乃至死亡，均无足轻重，但对于先秦"刺客"这一事业来说，却至为重要。他将刺客的精神推进到极致，使之拥有了一种几近异端的仪式美。两千多年后，这未遭污染的美依然散发着撼人心魄的魅力。

极致之后，便是猝然的失落。

从此世间再无刺客，有的，只是杀手。尽管他们可能依然有着必死无生的勇气和对权势的蔑视，但却再也不见先秦时代那强悍的个人魅力和仪式美。

高渐离之死，宣告了先秦刺客精神的终结。

图书在版编目（CIP）数据

九刺客 / 立山著. — 北京：商务印书馆, 2012
ISBN 978 - 7 - 100 - 08840 - 4

Ⅰ.①九…　Ⅱ.①立…　Ⅲ.①历史人物 — 生平事迹 —
中国　Ⅳ.①K820

中国版本图书馆 CIP 数据核字（2011）第276065号

九 刺 客

立山 著

商 务 印 书 馆 出 版
（北京王府井大街36号 邮政编码 100710）
商 务 印 书 馆 发 行
山西人民印刷有限责任公司印刷
ISBN 978 - 7 - 100 - 08840 - 4

2012年8月第1版　　　　开本 787×1092　1/16
2012年8月第1次印刷　　　印张 15¼
定价: 38.00元